dtv

Herbert Rosendorfer nähert sich dem Leben des Komponisten ohne falsche Ehrfurcht. Gewohnt provokativ, doch mit kritischer Empathie beleuchtet er Leben und Werk des Meisters aus ungewöhnlichen Perspektiven. So thematisiert er etwa Wagners permanente Verschuldung, interpretiert die Opern auf launige und ungewöhnliche Weise und spürt der wahren Ursache für den Tod des Meisters nach: War die heimliche Affäre mit der jungen Sopranistin Carrie Pringle Anlaß für die heftige Auseinandersetzung mit Cosima Wagner am Vormittag des 13. Februar 1883, die dem tödlichen Herzanfall vorausging? Ein Buch für Kenner, Kritiker und neugierige Leser, die Leben und Werk Wagners von einer anderen Seite kennenlernen wollen.

Herbert Rosendorfer, 1934 in Bozen geboren, ist Jurist und Professor für Bayerische Literaturgeschichte. Seit 1969 zahlreiche Veröffentlichungen, unter denen die ›Briefe in die chinesische Vergangenheit‹ (dtv 10541 und 25044) am bekanntesten geworden sind. Herbert Rosendorfer ist Mitglied der Bayerischen Akademie der Künste, er wurde mit zahlreichen bedeutenden Auszeichnungen geehrt, zuletzt 2010 mit dem CORINE-Ehrenpreis des Bayerischen Ministerpräsidenten. Die meisten seiner Bücher erscheinen als Taschenbücher bei dtv. Herbert Rosendorfer lebt mit seiner Familie in Südtirol.

Herbert Rosendorfer

Richard Wagner
für Fortgeschrittene

Deutscher Taschenbuch Verlag

Karl Dietrich Gräwe
in gemeinsamer Verehrung
Giuseppe Verdis
gewidmet

Ausführliche Informationen über
unsere Autoren und Bücher
finden Sie auf unserer Website
www.dtv.de

2011 Deutscher Taschenbuch Verlag GmbH & Co. KG,
München
© 2008 LangenMüller in der
F. A. Herbig Verlagsbuchhandlung GmbH,
München
Umschlagkonzept: Balk & Brumshagen
Umschlagfoto: Getty Images/AFP
Gesamtherstellung: Druckerei C. H. Beck, Nördlingen
Gedruckt auf säurefreiem, chlorfrei gebleichtem Papier
Printed in Germany · ISBN 978-3-423-14004-1

»Man entsagt und genießt.«

*Cosima Wagner an ihre Tochter Eva
am 1. Februar 1930*

INHALT

I.
Von Beschuhten und Unbeschuhten
Wagnerianern   9

II.
Die frühen Werke – geniale
Jugendsünden?   55

III.
Der Fliegende Holländer – »Steuermann,
halt die Wacht!«   74

IV.
Tannhäuser – »O du, mein holder
Abendstern …«   81

V.
Lohengrin – »Nie sollst du mich
befragen …«   92

VI.
Tristan und Isolde – »schuldlos
schuldig«   108

VII.
Die Meistersinger – »Verachtet mir die
Meister nicht ...«   132

VIII.
Der Ring des Nibelungen – »Weiche,
Wotan, weiche!«   139

IX.
Parsifal – »Erlösung dem
Erlöser«   200

X.
Tod in Venedig   226

XI.
Reisen, Frauen, Hunde,
Schulden ...   232

Anhang
237

I.
Von Beschuhten und Unbeschuhten Wagnerianern

Es ist allein über die seidenen Schlafröcke Richard Wagners (er hatte ein großes Faible dafür, auch für ebensolche Unterwäsche) mehr geschrieben worden als, zum Beispiel, über Friedrich Smetana oder über Niels Wilhelm Gade allgemein, obwohl die ja auch nicht gerade unbedeutende Komponisten waren. Diese Feststellung hier am Anfang dieses Buches steht nicht deshalb da, weil nun eine Bitte um Entschuldigung folgt, daß ich mit ebendiesem ein weiteres auf den Müllhaufen der Sekundärliteratur lege. Ich setze es aus anderem Grund hier an den Anfang, nämlich um die Frage aufzuwerfen: *Sollte das nicht zu denken geben?* Nicht das mit den Schlafröcken – oder vielleicht das auch –, sondern daß gerade Richard Wagner solch eine Flut von Büchern über sich provoziert?

Anders gesagt: Das Anhören des »Ringes des Nibelungen«, hintereinander vorgetragen und ohne die in Bayreuth üblichen einstündigen Pausen zwischen den Akten, erfordert, je nachdem, wie schnell oder wie langsam der Dirigent die Tempi nimmt, zwischen dreizehn und fünfzehn Stunden. Die Lektüre aller im Internet angezeigten Erklärungs-, Erläuterungs- und Belobhudelungsschriften des »Ringes« erfordert, bei Achtstundentag und Fünftagewoche, zweiundzwanzig Jahre. Noch einmal: *Sollte das nicht zu denken geben?*

Dazu noch eine Bemerkung zur Zeit beim Wagner-

Hören, die auf der Mitteilung eines Freundes basiert: Von allen Opern, nicht nur von denen Wagners, weist die »Götterdämmerung« das beste Preis-Leistungs-Verhältnis auf, weil man hier für den gleichen Preis wie bei der »Salome« (1 ¾ Stunden) fünf Stunden im Theater sitzen darf.

*

Die ersten Festspiele in Bayreuth wurden – selbstverständlich – von Richard Wagner selbst geleitet. Es waren allerdings nur zwei: die im April 1876 mit der ersten vollständigen, zyklischen Aufführung des »Ringes« und die im August 1882, ein halbes Jahr vor Wagners Tod, mit der Uraufführung des »Parsifal«. Ob Wagners gelegentlich tradierte Äußerung, das Festspielhaus solle nach der Aufführung des »Ringes« und des »Parsifal« wieder abgerissen werden, ernst gemeint war, darf bezweifelt werden, denn anderseits hielt Wagner seine Werke ja auch, vielleicht sogar in erster Linie, für Volksbeglückung – des deutschen Volkes versteht sich. Oder hat Wagner das mit dem Abreißen doch ernst gemeint? Und hat er deshalb, und nicht wegen der Akustik, das Festspielhaus aus Holz bauen lassen? Nach heutigen feuerpolizeilichen Vorschriften dürfte es gar nicht mehr gebaut werden, doch zum Glück steht es bereits und, so oder so, ist die Akustik unübertroffen vorzüglich, wozu noch die Raffinesse des verdeckten Orchestergrabens kommt, der wie sonst nirgendwo den Klang aus den Tiefen aufblühen läßt. (Was allerdings im strengen Sinn nur für die Instrumentation des »Ringes« und des »Parsifal« gilt, deren Partituren für das Musizieren im verdeckten Orchestergraben gearbeitet sind. Für die früheren Opern ist die akustische Situation nicht immer unproblematisch.) Diese akustische Besonderheit hat Wagner sich ausgedacht, wie er überhaupt ein begnadeter Akustiker war. Den zu seiner Zeit noch gar nicht allgemein bekannten Doppler-Effekt hat er beim Walküren-Ritt schon mitkomponiert, daß sich nämlich der Ton einer herannahenden Lautquelle verstärkt, in der Höhe jedoch gleichbleibt, bei sich entfernender Lautquelle gleichzeitig mit Abnehmen der Stärke tiefer wird.

Alles in allem, eine irgendwie geartete Verfügung, das mit teurem Geld (des Königs Ludwig II. und der Wagner-Vereine in aller Welt) erbaute Festspielhaus wieder abzureißen, wurde nach Wagners Tod nicht gefunden, und so steht es noch heute, wenngleich vielfach renoviert im Lauf der Zeit und sogar an manchen Stellen umgebaut.

Richard Wagner starb am Dienstag, dem 13. Februar 1883, im Palazzo Vendramin in Venedig. Mitverursacht hat den trotz Wagners seit längerer Zeit schon labilen Gesundheitszustands überraschenden Tod des noch nicht einmal Siebzigjährigen eine heftige Eifersuchtsszene, die Cosima ihrem Mann am Vormittag geliefert hatte. Anlaß war die Tatsache, daß die junge Sängerin Carrie Pringle, eins der Blumenmädchen im »Parsifal«, sich in Venedig aufhielt. Nur soviel dazu: Cosimas Eifersucht dürfte nicht unbegründet gewesen sein. So starb Richard Wagner am Weiblichen, um das, außer um Kunst und Geld, sein Leben im wesentlichen gekreist ist. Er starb mitten in der Niederschrift eines Aufsatzes »Über das Weibliche im Menschlichen« – eine höchst krause Schrift.

Cosima legte nach Wagners Tod eine bühnenreife Traueroperette hin. Ihr erster Biograph (oder besser: Lobhudler) Graf Du Moulin-Eckart beschreibt – allerdings selbstredend ohne Ironie – in seinem zweibändigen, nur unter Aufbietung aller Kräfte und auch so nur auszugsweise lesbaren Werk das Funebral-Toben der (so ihr sozusagen offizieller Titel) »Hohen Frau«: Sie schnitt sich die Haare ab, weinte, röhrte, schluchzte, beschloß zu sterben, lebte aber dann noch siebenundvierzig Jahre. Die Trauer hinderte sie nicht daran, sofort mit der Planung neuer Festspiele zu beginnen, die dann auch tatsächlich noch im August 1883 stattfanden.

Cosima Wagner war somit die eigentliche Gründerin der Bayreuther Festspiele, und das ist unzweifelhaft ihr Verdienst. Ohne ihre Tatkraft gäbe es heute die Festspiele nicht. Cosima leitete sie bis 1906. Da war sie knapp siebzig Jahre alt und übergab die Festspielleitung ihrem und Richard Wagners einzigen, damals siebenunddreißigjährigen Sohn Siegfried. Unter Cosimas Leitung fanden in einundzwanzig Jahren vierzehnmal die Festspiele statt, und es wurde auch das Repertoire, wenn man so sagen kann, erweitert. Zu den eigentlichen Festspiel-Werken »Ring« und »Parsifal« kamen nacheinander »Tristan und Isolde«, »Die Meistersinger von Nürnberg«, »Tannhäuser«, »Lohengrin« und (erst 1901) »Der fliegende Holländer« dazu, womit das auch heute noch gültige Programm vollständig war. Der Erfolg war zunächst bescheiden. »Tristan« wurde 1886 vor fast leerem Haus gegeben, »Lohengrin« 1894 auch, unvorstellbar heute, wo sich die Festspielleitung rühmen kann, jeden Sitzplatz siebenmal verkaufen zu können – mit Ausnahme des »Parsifal« in der Inszenierung von 2004, die Christoph Schlingensief zu verantworten hatte. Da sei jeder Sitzplatz nur dreimal zu verkaufen gewesen, heißt es in den sogenannten gutunterrichteten Kreisen. Wer weiß, ob es stimmt, aber eins stimmt, daß viele Zuschauer mit grauengeweiteten Augen aus der Vorstellung in die nächstgelegenen Gasthäuser (zum Beispiel in die »Bürgerreuth« oberhalb) gewankt sind, um sich bei einem Meisel-Bräu-Bier zu erholen. Nach Katharina Wagners »Meistersinger«-Untat (2007) war es nicht anders.

Zurück zu Siegfried Wagner, der von 1906 bis zu seinem ganz plötzlichen Tod während der Festspiele 1930 das Haus leitete. Siegfried, der mit vollem Namen Siegfried Richard Helferich (ein vom Vater erfundener Name?) hieß, war, was der Vater nicht mehr erleben mußte, auch Komponist. So einer hat's natürlich schwer, und gemessen an dem gigantischen Vaterschatten, in dem Siegfried und seine Arbeiten standen, muß man sagen: Er hat sich ganz gut gehalten. Gegen das Genie des Meister-Vaters wirkt das Talent Siegfrieds etwas kümmerlich, doch wenn man sich die Mühe macht, seine Musik ohne Vorurteil zu hören, findet man schöne und angenehme Passagen, spätromantischen, schon etwas verspäteten Wohllaut, handwerklich einwandfrei (das hatte er bei Engelbert Humperdinck gelernt), wenngleich man sich danach, wenn man es gehört hat, wenig zurückbehält. Wie der Vater schrieb auch der Sohn seine Texte selbst, und wie der Vater hätte er es besser bleiben lassen, das heißt einen richtigen Dichter beauftragen sollen. Die Mutter freilich, Cosima, war begeistert von den Opern ihres Sohnes und verstieg sich dazu, Fidis (so Siegfrieds Kosename im Familienkreis) Opern mit denen des etwa gleichaltrigen Richard Strauss auf eine Stufe zu stellen, mit der neckischen Einteilung, daß Fidis Talent mehr fürs Komische, Strauss' Talent mehr fürs Tragische geeignet sei. Strauss, der oft in Bayreuth dirigierte, dürfte dazu nur stumm genickt haben. Als er sich dann erfrechte, mit »Salome« und »Rosenkavalier« Welterfolge zu erzielen, während Fidis Märchenopern (»An allem ist Hütchen schuld«, »Herzog Wildfang«, »Bruder Lustig«, »Der Bärenhäuter«) nur mit Mühe Achtungserfolge errangen, fiel Strauss bei Cosima in Ungnade, und Fidi geiferte, daß der Erfolg der Strauss'schen Werke nur den Intrigen der Juden zu verdanken sei – ausgerechnet, wo Strauss schon nicht frei von antisemitischen Spritzern auf der Weste dasteht. Später, unter Winifred Wagners Festspielleitung, wurde Strauss, auf den als Wagner-Dirigent nicht gut zu verzichten war, wieder in Gnaden aufgenommen.

Aber wenn sich Fidi unterstanden hätte – er wagte es nie – vorzuschlagen, auch seine Opern auf dem Hügel aufzuführen, hätte ihm die Alte seine Partituren um die Ohren gehauen. Nein, der Hügel war und ist – zu Recht, muß man sagen – den Werken Richard Wagners vorbehalten, und so blieb es auch bis zum Tod Cosimas und Siegfrieds. Ob Siegfried es nach dem Tod der Mutter gewagt hätte, der sicher starken Versuchung nachzugeben, auch eine seiner Opern klammheimlich aufs Programm zu setzen, weiß man nicht, denn er hätte gar keine Zeit dazu gehabt. Cosima Wagner starb im gleichen Jahr wie er, wenige Monate vor ihm, am 1. April 1930. Geboren wurde sie am 24. Dezember 1837, feierte ihren Geburtstag aber, aus welchen Gründen auch immer, erst am 25., weshalb oft das Geburtsdatum falsch angegeben wird. Eine seltsame Laune des Weltgeistes: Eine andere Exzentrikerin des 19. Jahrhunderts, die österreichische Kaiserin Elisabeth (fälschlich »Sisi« genannt, »Lisi« hieß sie, schrieb das L nur wie ein S), ist exakt am selben Tag geboren: am 24. Dezember 1837 – zwei »Christkindln«. Es gibt so Geheimnisse, etwa daß die beiden Groß- und Gewalttheoretiker Eduard Hanslick, der damals wohl prominenteste Musikkritiker, und Theodor W. Adorno sowohl den Geburtstag (11. September) als auch den Todestag (6. August) gemeinsam haben, freilich um achtundsiebzig bzw. fünfundsechzig Jahre versetzt.

Siegfried Wagner hinterließ eine Witwe und vier unmündige Kinder. Die Kinder hießen, heißen noch zum Teil, Wieland, Friedelind, Wolfgang und Verena, die Witwe hatte den eher männlich klingenden Namen Winifred, war eine geborene Engländerin mit dänischen Vorfahren und die Ziehtochter des bornierten Berufswagnerianers Klindworth, der in Berlin eine Wagnerianerbrutstätte unter der Bezeichnung »Konservatorium« führte. Bevor ein – notwendiges – Wort über Winifred Wagner gesagt werden muß, sei ihr, wie ihrer Schwiegermutter, unbestreitbares Verdienst hervorgehoben: Sie ist nach dem völlig unerwarteten Tod ihres Mannes sofort in das kalte Festspielleitungs-Wasser gesprungen und hat mit starker Hand Haus, Erbe und Festspiele gerettet. Nicht nur ihr Vorname war quasi-männlich, auch ihre Tatkraft nach dem Tod Fidis war, wenn man so will, von männlich starker Hand. (Obwohl die weiblich-starke Hand oft noch stärker ist.) In ihrer Jugend ein »recht hübsches Ding«, erreichte sie erst in vorgerücktem Alter die ihr zugemessene Fülle der dragoneristischen Matronengestalt mit leicht heroischem Einschlag.

Die Wagners haben (einschließlich der alten, im Rollstuhl sitzenden und Bier aus der Flasche trinkenden Cosima) von Anfang an der Nazi-Bewegung und Hitler Sympathien entgegengebracht, allen voran Winifred. Und es ist für mich sogar ein staunenswürdiger Zug in Winifred Wagner, daß sie, entgegen der Übung so vieler Opportunisten und Heilhitlerschreier, die nach dem Krieg nie Nazi, ja, im tiefsten Herzen immer dagegen gewesen waren, von den Greueln in den KZ natürlich nie etwas gewußt haben (»Was? Juden sind vergast worden? Wie entsetzlich ...«), daß sie, Winifred, es sozusagen in aller Unschuld und Offenheit zugab, bis zuletzt, bis zu ihrem Tod. Nicht daß ich etwa Zuneigung zu den Ewiggestrigen empfände, doch so eine Haltung ist mir immer noch lieber als die jener Dichterin, die sich nach dem Krieg zur Linkität häutete und, als ein Hitler-Hymnus von 1939 auftauchte, zunächst leugnete, daß das von ihr sei, es sei heimtückisch unter ihrem Namen veröffentlicht worden. Als man die Handschrift fand, leugnete sie die Echtheit, und erst als diese unzweideutig erwiesen war, berief sie sich auf ihr damaliges jugendliches Alter, das vorübergehend verblendet gewesen sei.

Beides, dieses Verdrängen und Verdrücken sowie das offene, unwiderrufene Bekenntnis, sind Merkmale der zumindest partiellen Dummheit, und in der Tat war Winifred Wagner kein intellektuelles Kirchenlicht, nur ihre Dummheit war sozusagen erfrischender. Die Biographie Winifred Wagners von Brigitte Hamann zeichnet minutiös, sachlich und, woran die Autorin keinen Zweifel läßt, ohne jede Spätsympathie für den Nazismus den eigenartigen, einerseits rätselvollen, anderseits schlichten Charakter dieser Frau, die, mit einem gewissen Mutterwitz ausgestattet, mit unbestreitbarer Energie in einer besonders schweren Zeit, nämlich der Weltwirtschaftskrise, die Festspiele und das Erbe Wagners rettete. Freilich bediente sie sich dazu ihrer zunehmend engen Verbindung zu Hitler und überhaupt den Nationalsozialisten, wobei Opportunismus und politische Neigung harmonisch zusammenwirkten.

Eins allerdings stimmt nicht, obwohl vielfach davon gemunkelt wurde und wird: Hitlers Geliebte war Winifred Wagner nicht, auch wenn sie eine Duzfreundin des »Gröfaz« war. (»Gröfaz«, die gängige Abkürzung für »Größter Feldherr aller Zeiten«, entsprechend dem notorischen Abkürzungswahn der Nazis, die ja den ganzen Alltag mit Abkürzungen wie NS-, WHW, uk, »Flak«, BDM usw. *ü. k.* – eine von mir eben erfundene Abkürzung für »überkrusteten«.) Übrigens ein seltener Fall dieser Intimität bei Hitler. Er scheute das »Du«, selbst bei Waks (= Abkürzung für »Wirklich alte Kämpfer«), und mit allen Mittätern war er per »Sie«, ob Goebbels, Göring, Himmler – nur mit Eva Braun war er wohl per »Du« und mit einem einzigen Komplizen seiner frühen Jahre, dem dicken Oberschweindl Christian Weber, der auf dem »Du« insistierte, weil er, vermute ich, von Hitler etwas wußte, mit dem er ihn erpressen hätte können, und eben mit Winifred Wagner.

Doch, wie gesagt, die Geliebte Hitlers war Winifred Wagner nicht, und das Gerücht, daß sogar eine Heirat zeitweilig in Frage gekommen sei, entbehrt der Grundlage. Im übrigen brach der Kontakt, zum Leidwesen Winifreds, schon bei Kriegsausbruch fast ganz ab, und in den letzten Jahren besuchte Hitler Bayreuth nicht mehr.

*

Heute unbegreiflich, mußte die neue Festspielchefin nicht nur mit finanziellen Schwierigkeiten kämpfen (das ist ja fast selbstverständlich, denn welche kulturelle Institution kämpft nicht damit, sind ja keine Sport-Institutionen, so wie etwa die deutschen Radrennfahrer, deren dopingfrohe Tätigkeit von der Industrie mit jährlich siebzehn Millionen

Euro beschmeichelt wird), sondern auch mit unbefriedigenden Besucherzahlen. So mußte für den »Tristan« in den zwanziger Jahren Reklame in den Zeitungen gemacht werden, um das Haus einigermaßen zu füllen. Ausgerechnet für den »Tristan«, sollte das nicht auch zu denken geben?

Als in der Nazizeit das Wohlwollen Hitlers über Bayreuth glänzte, das heißt nicht nur eines obskuren Parteichefs A. H., sondern des neuen Reichskanzlers ab 1933, flossen zunehmend Subventionen, unter anderem dadurch, daß Kartenkontingente großen Ausmaßes von K. d. F. (auch so eine Abkürzung der Nazis, es bedeutete »Kraft durch Freude«) und anderen mehr oder minder wohltätigen Institutionen gekauft wurden, die dann ihre Mitglieder zwangsweise mit Festspielaufführungen beglückten. Im Krieg kamen verwundete, rekonvaleszierende Frontsoldaten in den Genuß von »Parsifal«, »Meistersinger« usw. und wurden im Gleichschritt und in Zweierreihen (sozusagen »Helm ab zum Hojotoho«) auf den Grünen Hügel getrieben. Nun gut, besser als in den Schützengraben ... Dafür aber durften auch bewährte Orchestermusiker, obwohl sie »wehrdiensttauglich« waren, statt in diesen, den Schützengraben, in jenen, den Orchestergraben. Entgegen der Goebbelsschen Verfügung der Schließung aller Theater, nachdem er seine Verkündung des »Totalen Krieges« hinausgebellt hatte, durfte einzig Bayreuth weiterspielen, sogar noch im Juli und August 1944, dann aber war Schluß bis 1951 – Schluß auch mit der Ära Winifred.

Die Söhne Siegfrieds und Winifreds, Wieland und Wolfgang Wagner (damals vierunddreißig bzw. zweiunddreißig Jahre alt) übernahmen gemeinsam die Festspielleitung, was nicht ohne Wunden auf dieser und jener Seite abging, worauf hier aber nicht eingegangen werden soll. Wer es genau wissen will, der kann es in dem genannten, nicht genug zu lobenden Buch Brigitte Hamanns »Winifred Wagner oder Hitlers Bayreuth« nachlesen oder in Nike Wagners frecher Schrift »Wagner Theater« – die außerdem eine der besten »Tristan«-Analysen enthält, die ich kenne.

Wieland und Wolfgang Wagner eröffneten mit der Festspielsaison 1951 ein neues Wagner-»Zeitalter«, in vielerlei Hinsicht. »Hier gilt's der Kunst«, zitierten die Brüder in Flug- und Wandzetteln und baten um Unterlassung jeder politischen Diskussion. Gebrochen wurde mit nicht nur der nationalsozialistischen, sondern auch der nationalistischen Tradition und Vergangenheit, jedenfalls wurde es versucht. Ganz gelingen konnte es nicht, denn der Schatten der Vergangenheit war zu stark, und ich selbst habe noch in den sechziger Jahren angejahrte Walküren auf dem Hügel gesehen, mit Zopfkranz und braunen Sandalen, die offensichtlich nur schwer unterdrücken konnten, das vom Balkon geblasene Zeichen zum Beginn der Vorstellung mit dem angeblich germanischen Heil zu begrüßen.

(Anmerkung: Daß ich hier auf Wagnerianer*innen* rekurriere, ist nicht frauenfeindlich gemeint. Selbstverständlich gibt und gab es ähnliche Wagneristen männlichen Geschlechts, doch erstens fielen die Anbetungs-Heroinen dank ihrer Ausstattung stärker auf, denn die Wageristen erscheinen nicht in Fell und Stierhelm, und zweitens ist es nicht zu übersehen, daß es in weit stärkerem Maß Frauen waren als Männer, die Richard Wagner und sein Werk unterstützten, von Cosima über Mathilde Wesendonck bis zu Julie Ritter und Jessie Laussot. Und auch Hitler wurde, das haben statistische Erhebungen ergeben, in den entscheidenden Wahlen mehrheitlich von den weiblichen Wählern gewählt ... die dann allerdings im Krieg wohl mit praktischem Sinn als erste bemerkten, was da angerichtet worden war.)

Der Stil der Aufführungen wurde, vor allem dank des genialen Regisseurs Wieland, radikal verändert. Die fellgekleideten Götter und Helden, die Helme mit Stierhörnern verschwanden, es wurde »entrümpelt«. Daß damit auch übers Ziel hinausgeschossen wurde, sei nicht verhehlt, so wenn Wieland in seinem »Parsifal« die Taube, ein Symbol also, seinerseits durch einen Lichtstrahl symbolisierte. So neu übrigens war diese Entrümpelung nicht. Schon die Bühnenbilder des großen Emil Preetorius in den dreißiger Jahren ließen die kitschgewohnten Ur-Wagnerianer (die »Unbeschuhten« nenne ich sie in Anlehnung an die Bezeichnung strenger katholischer Orden) zornerbeben. Doch erst recht natürlich die Inszenierungen nach 1951, so etwa, daß Wieland Wagner sich erfrechte, eine Negerin, man denke!, als Venus im »Tannhäuser« zu engagieren: die grandiose Grace Bumbry.

*

War Richard Wagner ein Nazi vor dem Nationalsozialismus? Es gibt ein Buch des Musikwissenschaftlers Hartmut Zelinsky, der sich damit wissenschaftlich furchtbar in die Nesseln gesetzt hat, mit dem Titel »Richard Wagner – ein deutsches Thema«, das ausgerechnet und mit Vorbedacht im Jahr 1976, also zum Hundertjahrjubiläum der Festspiele, erschienen ist. Selbst unter gemäßigten (sozusagen, nach meiner Kategorisierung »Beschuhten«) Wagnerianern brach Heulen und Zähneknirschen aus. Das Arge daran war, daß die darin vorgelegten Dokumente unbestreitbar echt sind. Man rieb sich deshalb aushilfsweise an der schon leicht ins Genre des Comics hinüberspielenden Art der Darstellung in diesem Buch. An der Tatsache war jedoch nicht zu rütteln, daß ein überwältigender Teil des nazistischen Ideologie-Kitsches aus dem Werk und dem Gedankengut Richard Wagners stammte, vor allem natürlich der rassisch begründete Antisemitismus. In Jakob Katz' Buch »Richard Wagner. Vorbote des Antisemitismus« ist dieser Aspekt von Wagners Weltbild oder besser gesagt Borniertheit dargestellt, und zwar die historische Tatsache, daß Richard Wagner einer der ersten war, wenn nicht der erste überhaupt, der den Antisemitismus nicht religiös, sondern rassisch begründete. (Gobineaus berüchtigte rassistische Schrift »Essai sur l'inégalité des rasses humaines« erschien erst später.) Nach christlicher (im Grunde denkbar unchristlicher) Anschauung wurde ein Jude dann ein vollwertiger Mensch, wenn er mit dem Weihwasser besprüht worden war. Für Wagner blieb Jude Jude, was immer er unternahm. Die Begründung für seinen Antisemitismus, die Wagner in seiner diesbezüglichen Grundschrift gab, »Das Judentum in der Musik« (1850), ist denkbar unklar. Abgesehen von völlig nebulösen Auslassungen wie »instinktmäßiger Widerwille gegen das jüdische Wesen« (was ist »instinktmäßig«? was ist »das jüdische Wesen«? – da gibt Wagner keine konkrete Antwort), daß »der Jude« die europäischen Sprachen nicht a priori, sondern nur als angelernt beherrsche (auch Heinrich Heine etwa?), daß »der Jude« nicht zur »Erregtheit höherer, herzdurchglühter Leidenschaft« fähig sei, es dränge ihn nie, »ein Bestimmtes, Notwendiges und Wirkliches auszusprechen«, daß – etwa bei Mendelssohns Musik – »tiefe(r) und markige(r) menschliche(r) Herzempfindung« nicht zu finden sei. Nach derartigem Dumpfgequassel mehr, bringt Wagner erst gegen Ende seines Elaborats die erste und einzige konkrete Begründung: Die ganze Inferiorität der jüdischen Rasse werde aus der gequetschten, näselnden Sprache der Juden klar, und man stelle sich nur etwa vor, daß »ein Goethesches Gedicht im jüdischen Jargon uns vorgetragen würde« – und ein Goethesches Gedicht in Wagners sächsischem Jargon vorgetragen?

Richard Wagner war nicht ohne Witz und Humor. Er schrieb das Scherzgedicht:

> »Im wunderschönen Monat Mai
> kroch Richard Wagner aus dem Ei:
> ihm wünschen, die zumeist ihn lieben,
> er wäre besser drin geblieben.«

Nein, Richard, es war schon gut, daß du nicht dringeblieben bist, sonst hätten wir den »Tristan« nicht. Doch es wäre besser gewesen, du hättest, außer in Musik, geschwiegen.

※

Über den Grund für Wagners Antisemitismus wurde und wird viel gerätselt. Daß es keinen rationalen Grund gibt, ist klar. Es wird die Möglichkeit ventiliert, daß es sich um einen seltsam verdrehten Vater-Sohn-Konflikt gehandelt habe. Wagners Mutter, Johanna Rosine Wagner, heiratete nach dem frühen Tod ihres Mannes den Maler und Schriftsteller Ludwig Geyer, den Wagner offenbar und zumindest zeitweilig für seinen wirklichen Vater hielt. Er nannte sich sogar manchmal »Richard Geyer«, hatte eine Art Siegel- oder Wappenring mit dem Bild eines sitzenden Geiers, doch das Gerücht ist durch nichts zu belegen, ebensowenig, daß Geyer Jude war, aber Wagner hat das so geglaubt. Also ...? Sehr psychologisch kraus, doch was gibt es nicht alles in der Seele.

Eine andere Vermutung ist, daß Wagners Antisemitismus von einem – wohl tatsächlich stattgefundenen – Seitensprung seiner ersten Frau Minna mit einem jüdischen Kaufmann herrühre, in Riga, als der junge Wagner dort Kapellmeister war. Oder aber, weil Felix Mendelssohn-Bartholdy die Partitur einer Symphonie, die ihm Wagner zur Aufführung anvertraut hat, vernichtet (oder verschlampt) habe. Wagner hat 1836 seine (einzig vollständige) Symphonie in C-Dur Mendelssohn gegeben, wohl in der Hoffnung auf eine Aufführung bei den Gewandhauskonzerten. Es wäre nicht die Uraufführung gewesen, denn die Symphonie war schon 1832 in Prag gespielt worden. Wagner hatte die Partitur Mendelssohn »als Geschenk« übersandt, und Mendelssohn behielt sie also, sie ging dann allerdings – wie, weiß niemand – verloren, wurde in Mendelssohns Nachlaß nicht gefunden. Wagner äußerte, viel später, Cosima gegenüber den Verdacht, Mendelssohn habe sie absichtlich vernichtet. (Die Symphonie existiert heute noch, denn sie wurde unschwer aus den vorhandenen Orchesterstimmen rekonstruiert, noch zu Wagners Lebzeiten.) Mag sein, daß der junge, noch recht unbekannte Wagner von der in seinen Augen nachlässigen Behandlung der Symphonie durch den strahlenden, weltberühmten (und, NB!, kaum älteren) Mendelssohn, den verhätschelten Bankierssohn, enttäuscht war. In der Tat finden sich in dem genannten Juden-Pamphlet Wagners zahlreiche bösartige (und immer unfundierte) Auslassungen gegen Mendelssohn, der zu der Zeit schon tot war.

Dem steht entgegen, daß Wagner in den »Bayreuther Blättern«, der weitgehend unverdaulichen, dem Haus Wahnfried entflatternden Hofzeitschrift (sozusagen dem »Osservatore Romano« Bayreuths), die »Hebriden-Ouvertüre« von Mendelssohn als »eins der schönsten Musikwerke, die wir besitzen« bezeichnete. Ein ähnliches, ausführlicheres, freilich auch etwas eingeschränktes Lob äußert er am 14. März 1873 Cosima gegenüber. Auch Wagner handelte wohl nach dem Grundsatz: »Was geht mich mein dummes Geschwätz von gestern an?« Nur leider hatte dieses dumme Geschwätz über das »Judentum in der Musik« böse Folgen.

Eine wohl wirklich direkte Beziehung hatte dieses Pamphlet zu Person und Werk Giacomo Meyerbeers, wobei es Wagner, feig wie er war (sein wohl unsympathischster Charakterzug), vermied, diesen beim Namen zu nennen. Mendelssohn nannte er in dem Pamphlet beim Namen, Meyerbeer nicht, da schrieb er nur »M«. Freilich: Mendelssohn war 1850 schon tot und konnte sich nicht mehr wehren, Meyerbeer lebte noch, und Wagner fürchtete ihn. Sicher reicht die Bedeutung Meyerbeers in der Musikgeschichte nicht an die Wagners heran, wenn man auch, wie es heute wohl geschieht, Meyerbeer unterschätzt, vor allem im Hinblick auf seinen Einfluß auf Wagner. Der glänzende Kenner der Theatergeschichte gerade des 19. Jahrhunderts, Georg Oswald Bauer, hat in seinem Buch »Richard Wagner geht ins Theater« handfest nachgewiesen, was und wieviel Wagner dem Vorbild Meyerbeers verdankt, auch wenn er über das Vorbild hinausgewachsen ist, wie viele Züge der »Großen Oper« sich in Wagners Werken wiederfinden und wieviel Wagner von Meyerbeers Orchestrierungsraffinessen gelernt hat. Wagners Verdikt über Meyerbeer: »Wirkung ohne Ursache« läßt sich ohne weiteres gerade auf die besten Stücke des Bayreuther Meisters anwenden. Hat es Wagner als Schande empfunden, von den Errungenschaften eines Älteren zu lernen? Noch jeder Meister hat von den Alten gelernt. Wollte Wagner alles selbst erfunden haben? Der einsame Wolf in den Steppen des Überholten?

Ein anderer einsamer »Wolf« hat auch die einsamen Beschlüsse geliebt. »Wolf« nannte Winifred ihren »Führer«. Der einsame »Wolf« auf dem Berghof bei Berchtesgaden hörte am Tag des deutschen Überfalls auf die Sowjetunion, in das Abendrot blickend, den Schluß der »Götterdämmerung«, den musikalischen Brand, den Brünnhilde in »Walhalls prangende Burg« schleudert. Der »Gröfaz« meinte natürlich, dem Untergang der Sowjetunion entgegenzusehen. Wenn diese Szene etwas prophezeite, dann anderes, sozusagen das Gegenteil. Im übrigen hörte Hitler viel öfters und viel lieber Franz Lehárs »Lustige Witwe«, was nicht gegen dieses geniale, heitere Werk spricht und was immerhin Lehárs jüdischer Frau das Leben rettete.

Zurück zu Meyerbeer. Anfang der vierziger Jahre »las man's anders«, als Wagner, nahezu verhungernd, in Paris sich mit Gelegenheitsarbeiten über Wasser hielt. Der Brief Wagners an Meyerbeer vom 3. Mai 1840 beginnt: »Mein innig verehrter Herr und Meister …« und endet: »Hier bin ich, hier ist der Kopf, das Herz und hier die Hände Ihres Eigenthumes: Richard Wagner.« Der »Mein hochverehrtester Herr und Meister!« (schon fast religiös anmutend) beginnende Brief von Anfang Dezember 1841 endet: »Gott mache Ihnen jeden Tag Ihres schönen Lebens zur Freude und trübe Ihr Auge nie mit Kummer, dies das aufrichtige Gebeth Ihres alleraufrichtigsten Schülers und Dieners Richard Wagner.«

Wagner schämte sich später dieser Speichelleckerei und auch, daß ihn Meyerbeer nicht nur ideell, sondern auch materiell großzügig unterstützt hat. Anstelle von Dankbarkeit trat bei Wagner, dessen anderer, neben der Feigheit, deutlicher Charakterzug die Eitelkeit war, die bis zur Selbstvergötzung ging, bei dem Gedanken an Meyerbeer das ungute Gefühl, daran erinnert zu werden, daß jener ihn in der tiefsten Erniedrigung gesehen hatte. In einem viel späteren Brief an Liszt hat Wagner das sogar mit seltener Offenheit zugegeben. Um die Eitelkeit zu befriedigen, mußte Wagner etwas finden, was den einstigen Wohltäter nun seinerseits erniedrigte, und da fiel ihm ein, daß Meyerbeer Jude war. Das machte sozusagen den Weg frei für die geschmacklosesten Anwürfe, so etwa die laute Freude Wagners, als er vom Tod Meyerbeers 1864 erfuhr, am gleichen Tag, an dem ihm die erlösende Nachricht zukam, daß der neue bayerische König Ludwig II. ihn rief, oder das unsägliche, franzosenfeindliche »Lustspiel in antiker Manier: Eine Kapitulation«, in dem Wagner die Niederlage Frankreichs im Krieg von 1870/71 in einer Weise verspottete, die unter der Gürtellinie lag. Typisch für seine Feigheit: Er nahm dieses Elaborat zwar in seine gesammelten schriftstellerischen Werke auf, leugnete aber dann, daß es von ihm sei. Ein gewisser E. Schlossenbach habe es geschrieben.

Wagner war schlau genug (oder ist auch dies Feigheit?), seinen Antisemitismus nie oder jedenfalls nie unverschlüsselt in seine Bühnentexte aufzunehmen. Den Sixtus Beckmesser in den »Meistersingern« als Juden darzustellen, wagte er nicht. (Das »Vorbild« des Beckmesser, der Wiener Kritiker Eduard Hanslick, übrigens durchaus kein blinder und tauber Antiwagnerianer, tat Wagner nicht den Gefallen, Jude zu sein, Beckmesser sollte ja anfangs »Hans Lick« heißen.) Daß das Gestammel Beckmessers in seinem Ständchen und seinem mißglückten Preislied eine Parodie der – nach Wagner – gequetschten, seelenlosen Sprache der Juden sein soll, die angeblich tieferer deutscher Innigkeit nicht fähig sind, ist unbeweisbare Interpretation, und was es mit dem manchmal behaupteten versteckten Antisemitismus der »Erlösung dem Erlöser« am Schluß des »Parsifal« auf sich hat, soll hier in diesem Buch an der dafür vorgesehenen Stelle ausgebreitet werden.

Es soll noch auf Rettungsversuche gutmenschischer Wagnerianer eingegangen werden, die darauf abzielen, Wagners Antisemitismus zu relativieren. Da ist einmal der Jude Joseph Rubinstein (nicht zu verwechseln mit den Komponisten Anton und Nikolai oder gar dem viel später lebenden Pianisten Arthur R.), der sich bei Wagner brieflich vorstellte: »Ich bin ein Jude. Hiemit ist für Sie alles gesagt.« Vielleicht war es dieser kühne Frontalangriff, der Wagner veranlaßte, den jungen Musiker in seine elitäre »Nibelungenkanzlei« aufzunehmen, das heißt den Freundes- und Mitarbeiterkreis zur Vorbereitung der »Ring«-Uraufführung und überhaupt zur Förderung von Wagners Hauptwerk: den Festspielen. Der »Nibelungenkanzlei« gehörten unter anderem Felix Mottl und Engelbert Humperdinck an und eben Joseph Rubinstein, der mit gespaltener Seele Wagner bewunderte und von diesem wie ein Sklave gehalten wurde. Rubinstein schrieb nicht nur den Klavierauszug des »Siegfried-Idylls«, sondern auch den des »Parsifal«. Mit siebenunddreißig Jahren nahm er sich nach Wagners Tod das Leben. Er war – wie vielleicht auch Nietzsche – an Wagner zerbrochen.

Als ein weiterer Alibi-Jude in Wagners Leben wird der

Dirigent Hermann Levi ins Feld geführt. Er galt seinerzeit – wohl mit Recht – als einer der bedeutendsten Dirigenten und war seit 1872 Hofkapellmeister in München. Man hält Wagner zugute, daß er die Uraufführung von nichts weniger als dem »Parsifal«, seinem letzten, seinem Bekenntniswerk, einem Juden anvertraute, was dafür spreche, daß letzten Endes bei Wagner der Wunsch nach musikalischer Qualität über seinen Antisemitismus siegte. (Wie das später bei Richard Strauss der Fall war.) In Wirklichkeit war es anders. Wagner wollte zwar Qualität für die »Parsifal«-Uraufführung, nämlich das Münchner Hofopernorchester, damals einer der besten Klangkörper der Welt, doch das Orchester wollte ohne Levi nicht spielen. Auch König Ludwig II., der zwar kniefälliger Wagnerianer war, aber von des Meisters Antisemitismus eher abgestoßen, erklärte sich in diesem Sinn. Also mußte Wagner die Kröte schlucken, wenn dieser Ausdruck erlaubt ist angesichts des noblen, sensiblen und hochgebildeten Levi, freilich als Jude nicht nur, sondern sogar als Sohn eines Rabbiners für Wagner schon eine solche. Er und Cosima belämmerten Levi in übelster Weise, sich taufen zu lassen, drohten und flehten – umsonst, Levi blieb hart, endlich mußte Wagner, seinem Werk zuliebe, nachgeben, und der Jude Levi dirigierte also das allerchristlichste, das der immer bigotter werdenden Cosima gewidmete Werk.

Das allerchristlichste Werk? Auch da vermied es Wagner, feig, eindeutig Stellung zu beziehen. Christliches kommt in dem dumpfen Text expressis verbis so gut wie nicht vor. Kein Kreuz, nur ein Gral. Von Jesus nicht die Rede, von Gott nur beiläufig. Die Taube am Schluß ist nur vielleicht der Heilige Geist und die »Taufe« Parsifals im dritten Akt nicht viel mehr als das Besprengen mit Wasser, das übrigens überdeutlich nur ganz gewöhnliches Quellwasser ist.

Cosimas Bigotterie – gepaart mit zumindest zeitweilig hochsexueller Leibeskonstitution – war von seltsamer Art. Katholisch geboren als Tochter des zeit seines Lebens zwar geschlechtslustigen, allerdings fromm-katholischen Franz Liszt, erzogen von stockkatholischen Gouvernanten, war sie zunächst katholisch-verklemmt, konvertierte dann zum Protestantismus und heiratete nach protestantischem Ritus den zwar dem Taufschein nach protestantischen, im Kern seines Wesens erfrischend heidnischen Richard Wagner, der allerdings, zumindest in späteren Jahren, Cosima (und vielleicht auch sich?) eine privat-christliche Religiosität vorspielte. Auch darauf soll im Zusammenhang mit dem »Parsifal« noch die Rede kommen.

*

War Richard Wagner ein Prä-Nazi? Daß er – eine akademische Frage – für Hitler Sympathien empfunden hätte, dürfte bezweifelt werden. Wagner war schließlich nicht dumm, obwohl hier einzuwenden ist, daß viele, die nachweislich auch nicht dumm waren, der – im nachhinein freilich – unbegreiflichen Faszination des bürstchenbärtigen Geiferschreiers verfallen sind. Wagner war jedoch auch ein Demagoge, und daß ein Demagoge einem anderen Zuneigung entgegenbringt, ist unwahrscheinlich. Wagner war auch ein politischer Kopf. In seinen frühen Jahren neigte er, wie man weiß, entschieden zu revolutionären Ideen. Die Stoffwahl seiner ersten großen (noch ganz im Meyerbeer-Fahrwasser daherkommenden) Oper »Rienzi« war nicht zufällig. Die Figur des »letzten der Tribunen«, des antiklerikalen Republikaners, des Freiheitshelden faszinierte Wagner. Freilich mißverstand er ihn, so wie ihn schon die Grundlage für sein Libretto, Edward Bulwers Roman, in historisch nicht haltbarer Weise als verspäteten Tribunen hochstilisiert hatte. Es mag übrigens sein, daß Wagner auch durch Julius Mosens (Dichter des Andreas-Hofer-Liedes »Zu Mantua in Banden«) Dramatisierung des Bulwerschen Romans angeregt worden war oder gar vom »Rienzi«-Drama Friedrich Engels – ja, kaum glaublich: dem Marx-Engels!

Die revolutionäre, freiheitliche Gesinnung Wagners war zweifellos echt, und er bewies sie nicht nur durch Worte (das Gedicht »Die Not«, den Aufsatz »Die Revolution«), sondern auch durch die Tat, ein ganz eigenartiger, auch einmaliger Ausbruch aus seiner sonstigen notorischen Feigheit. Im Mai 1849 trat er entschieden und offen auf die Seite der Bürger und des Volkes, riskierte nicht nur einmal sein Leben, mußte fliehen und verlor seine sichere Anstellung als königlicher Kapellmeister, wurde wie ein Verbrecher steckbrieflich gesucht und mußte ins Exil. Mit dem russischen Revolutionär Bakunin verband ihn eine echte Freundschaft, ebenso mit dem Republikaner Röckel, der – im Gegensatz zu Wagner – den Häschern nicht entkam und, zunächst zum Tod verurteilt, dann zu lebenslanger Haft begnadigt, erst 1862 entlassen wurde. Wagner blieb die ganzen Jahre über mit dem Freund in treuer Verbindung. Alles in allem eins der Ruhmesblätter für Richard Wagners Charakter. (Ein anderes ist seine echte Tierliebe, die sich in scharfen Attacken gegen die Vivisektion äußerte.)

Ganz verloren sich die freisinnigen Züge Wagners nie, so etwa bei seinem freilich nie verwirklichten Plan, die Festspiele als belehrendes Vergnügen auch für die Ärmeren zu gestalten, also ganz moderate Eintrittspreise festzulegen. (In der Tat, eine ferne Ahnung, blieben diese immer, bis heute, relativ bescheiden, im Gegensatz zur Beutelschneiderei bei den Festspielen in Salzburg oder in München.) Die Wende trat ein, als Ludwig II., der König von Bayern, 1864 Wagner zu fördern begann, wobei »fördern« zu wenig bedeutet. Der König rettete, in letzter Sekunde sozusagen, den am finanziellen und seelischen Tiefpunkt angelangten Wagner, überschüttete ihn eine Zeitlang mit Gunst und Geld und entzog ihm auch nach den menschlichen (nicht künstlerischen) Enttäuschungen, die ihm der übermütig gewordene Wagner zufügte, seine Unterstützung nicht völlig.

Hier eine Parenthese zu König Ludwig II. Auch seine (wie später Hitlers) Begeisterung für Wagner war eher ideologisch als künstlerisch. Nach Berichten aus den engeren Kreisen um Ludwig war dieser herzlich unmusikalisch. (Freilich muß man vorsichtig sein beim Glauben an Hofklatsch.) Tatsache ist, daß in den gutdokumentierten Privataufführungen für den König im Hoftheater, wo Schauspieler und Sänger vor leerem Haus agieren mußten und der König versteckt in seiner Loge saß, die Werke Wagners eine ganz untergeordnete Rolle spielten. Den Hauptanteil bildeten seichte französische Komödien. Es ist zu vermuten, daß der König sich weit mehr an den Texten von Wagners Opern berauschte, am romantischen Mittelalter-Kitsch, den Wagner so reichhaltig bot, als an der für seine Zeit »schwierigen« Musik, daß Ludwig eher weltfremd darin schwelgte, sich in die Figur des Lohengrin zu versetzen. Im Teich in der Pappmaché-Höhle in Linderhof ließ er sich in einem Kahn, der die Form eines Schwans hatte, herumrudern, während Mitglieder der Militärmusik heroische Weisen spielten – allerdings nicht solche Wagners, sondern des Hofmusikers Hermann Zumpe.

Die Planung der Festspiele, des Festspielhauses, des Hauses »Wahnfried«, überhaupt das immer vorhanden gewesene, nach 1871 (dem Jahr des Umzuges nach Bayreuth) gesteigerte Luxusbedürfnis vertrugen sich nicht mit revolutionären Ideen. Wagner war nicht nur auf die Hilfe König Ludwigs II. angewiesen, er brauchte darüber hinaus die moralische und natürlich auch finanzielle Unterstützung des Adels und des Großbürgertums. Sollte Wagner noch seinen alten freisinnigen Ideen angehangen haben, verbarg er sie jetzt sorgsam, wie er solche und die antisemitischen auch aus seinen Werken heraushielt. Er und vor allem Cosima residierten in Bayreuth wie Fürst und Fürstin. Kein Monarch, Duodezpotentat, Aristokrat oder Großindustrieller konnte blöd genug sein, daß er nicht, sofern Devotion dem Werk des Meisters gegenüber zeigend, in Wahnfried empfangen und geehrt worden wäre. Cosimas Adelsdünkel steigerte sich noch nach Wagners Tod, wo sie Alleinherrin in Bayreuth wurde. Sie war ja, wenngleich höchst unehelich, gräflicher Abstammung und dann verheiratete Baronin, mit welchem Titel sie sich selbst nach der Scheidung von Hans von Bülow, trotz Aversion gegen ihn, nicht ungern anreden ließ.

Wagners antisemitische Weltanschauung verband sich damals – und nicht nur damals – mit der des Nationalismus harmonisch so weit, daß die beiden Bezeichnungen fast Synonyme waren. Und Wagner war Nationalist, ein *deutscher* Künstler. Daß es ihm in Frankreich damals nach 1839 schlecht, sogar sehr schlechtging, verzieh er in bornierter Kollektivverdammung allen Franzosen nicht. Italien liebte er, sogar in gewissen Grenzen die italienische Musik, allerdings nur die etwas ältere, ja nicht Verdi, den er – mit Recht, er war ja nicht blöd – als den anderen Stern der Oper des 19. Jahrhunderts erkannte, dessen überragenden Rang er aber trotzig leugnete. Rossini mochte er, vor allem jedoch den liebenswürdigen Bellini, aus dessen Opern (er hatte sie als junger Kapellmeister in Riga dirigiert) er selbst in den letzten Jahren im Familien- und Freundeskreis gern Stücke am Klavier vortrug. Was kaum bekannt ist: Für Bellinis »Norma« schrieb er eine Baß-Arie als Einlage, die eine perfekte Imitation von Bellinis Stil ist. Bei musikalischem Rätselraten könnte man diese Arie vorspielen, und kaum jemand würde hinter dem schwungvollen Belcanto-Stück eine Arbeit Wagners erkennen. Dennoch war und verstand Wagner sich als *deutscher* Komponist – *Tonsetzer* passt vielleicht in diesem Zusammenhang besser. Damit hielt er auch in seinen Texten nicht zurück. In der Ansprache König Heinrichs im dritten Akt des »Lohengrin« tönt es:

»Wie fühl' ich froh mein Herz entbrannt,
find ich in jedem deutschen Land
so kräftig reichen Heerverband!«

Und:

»Für deutsches Land das deutsche Schwert!
So sei des Reiches Kraft bewährt!«

In der gleichen dritten Szene des dritten Aktes finden sich dann die peinlichen Zeilen:

»Nach Deutschland sollen noch in fernsten Tagen –
des Ostens Horden siegreich nimmer ziehn!«

Wagner schrieb die »Lohengrin«-Dichtung 1844/45 – und was passierte genau hundert Jahre später?

Trotz streng gehüteter Vollständigkeit der Werke des Meisters bei der Aufführung und obwohl sonst jeder Strich dort als quasi-blasphemisch verpönt ist, wird diese Stelle von »des Ostens Horden« in Bayreuth schamhaft gestrichen.

Bekannt – und mit bestem Willen nicht zu streichen, ohne den musikalischen Zusammenhang zu stören – ist Hans Sachs' chauvinistische Schlußansprache in den »Meistersingern«, in der es von »falscher welscher Majestät«, von »welschem Dunst und welschem Tand«, von der Ehre der »deutschen Meister« und von der »heil'ge(n) deutsche(n) Kunst« wimmelt. Daß dies unangenehmst an eine NS-Parteitags-Rede erinnert, liegt auf der Hand. Ob man das – wie die Regisseurin Katharina Wagner bei ihrem Bayreuth-Debüt getan hat – auch noch mit beiden Zeigefingern und zusätzlich Zeigezehen unterstreichen muß, kann gefragt werden.

Ich vermute, daß Wagner, hätte er die Pantoffel- und Wohnküchen-Dämonen des »Dritten Reiches« erlebt, daß Wagner, der trotz aller gelegentlichen Kleingeisterei doch auch ein Weltmann und vor allem ein großer Künstler war, sich von den Nazi-Braunen eher mit Ekel abgewendet hätte. Doch sein Werk, dieser ungeschminkte Nationalismus, dieses Deutschtümelnde, das vor allem auch seine An- und Nachbeter, nicht zuletzt Cosima und ihr Freund und dann Schwiegersohn Houston Stewart Chamberlain zunehmend in den Jahren nach seinem Tod verkündeten, war dazu angetan, schrie geradezu danach, von den Nazis mißbraucht zu werden. Und es wurde mißbraucht, und zwar in einem Maß, daß die nazistische Ideologie ohne die

Vorarbeit durch Wagner und die Wagnerianer nicht denkbar ist. Den *musikalischen* Wert der Werke Wagners damit zugleich in Mißkredit zu ziehen – wie es, wenngleich verständlich, jüdische Kreise getan haben – ist auch wieder falsch. Die Haltung des großen (jüdischen) Philosophen und Musikfreundes Ernst Bloch scheint mir die beste: sich den Musiker Wagner nicht durch den »Denker« Wagner vermiesen zu lassen. Dabei sollte man jedoch auch bei der leidenschaftlichsten Begeisterung, beim Anhören von Isoldes »Liebestod« oder »Leb' wohl, mein kühnes, herrliches Kind« die kritische Distanz nicht vergessen. Bei den vielen, zu vielen langweiligen Stellen im »Ring« und »Parsifal« fällt das ohnedies nicht schwer. »Monsieur Wagner a de beaux moments, mais des mauvais quarts d'heures«, sagte 1867 Rossini zu einem Besucher, dem deutschen Komponisten und Musikschriftsteller Emil Naumann. Debussy, der vom glühenden Wagnerianer im Lauf seines späteren Lebens auf scharfe Distanz zu Wagner ging (»Das alles [d. h. »der Ring des Nibelungen«] ist unerträglich für jemand, der Klarheit und Bündigkeit liebt.« Und: »der ›Ring‹, das Adreßbuch der Götter«), hat offenbar bei oder nach einem Bayreuth-Besuch den Ausspruch Rossinis zitiert, weshalb er nun manchmal als Äußerung Debussys kursiert.

*

Die Festspiele 1901, 1902 und 1904 (1903 fanden keine statt) leitete noch Cosima, freilich schon unterstützt von ihrem Sohn und dem Schwiegersohn Franz Beidler, Isoldes Mann, sowie von verschiedenen anderen Helfern, die Cosima weidlich tyrannisierte. Houston Stewart Chamberlain machte sich immer mehr in Bayreuth und in Cosimas Entourage breit. Chamberlain, ein Engländer, 1855 geboren, ein hochfahrender, trotz aller zur Schau getragenen Noblesse eher ordinärer und brutaler Mensch, verehrte alles Deutsche. Richard Wagner, den er nicht mehr persönlich kennengelernt hatte, war für ihn die Idealgestalt der Menschheit, die er allerdings nur in der weißen, germanischen Rasse verkörpert sah. Selbstverständlich war er Antisemit, und in seinem Werk, einer dickleibigen, absolut ungenießbaren Schwarte mit dem Titel: »Die Grundlagen des 19. Jahrhunderts« schwelgte er in Hymnen auf »Zuchtwahl« und »Rassegemeinschaft«. Das Werk wurde ein Verkaufserfolg. Ob die Käufer es alle auch gelesen haben, erscheint mir fraglich. Nur Hitler – der hat es gelesen.

Cosima war offenbar richtiggehend in den um zwanzig Jahre jüngeren Engländer verliebt, schob ihn jedoch – eine nicht seltene emotionelle Ersatzhandlung – an ihre Tochter weiter, und zwar an ihre Lieblingstochter Eva, die bei ihr Sekretärinnen- und Assistentinnendienste leistete. Ab 1906, als sich Cosimas Gesundheitszustand infolge ihrer Herzprobleme rapide verschlechterte (sich bald aber wieder einigermaßen besserte), verstärkte sich der Einfluß Evas und damit Chamberlains, der Eva 1908 heiratete und ganz nach Bayreuth zog.

*

Dazu eine etwas vorgezogene Anekdote: Chamberlains bezogen ein Haus ganz in der Nähe der Villa Wahnfried. Chamberlain war auch Hobby-Astronom und hatte sich im Dachgeschoß ein kleines Observatorium einrichten lassen. Als 1914 der Krieg ausbrach und Chamberlain als Engländer ins Visier der Bayreuther Polizei geriet, hielt ein übereifriger kgl. bayr. Polizist das Fernrohr für das eines Spions, der Staatsgeheimnisse ausspähte, und verhaftete Chamberlain, der wutschnaubend – er, der wenngleich selbsternannte, deutscheste der Deutschen! – eine Nacht im Kotter verbrachte. Kaiser Wilhelm II., der Chamberlains Elaborat schätzte (ob er es – ganz? – gelesen hat?), bat um Entschuldigung und verlieh, um weitere Schwierigkeiten zu vermeiden, Chamberlain die deutsche Staatsbürgerschaft.

*

Die Krankheit Cosimas, die zunächst so schlimm aussah, daß mit dem Ableben der »Hohen Frau« gerechnet werden mußte, warf 1906 die Frage der Nachfolge auf. Das war nicht unproblematisch und zog sich hin.

*

Die – zwar noch nicht juristisch und kirchlich abgesegnete – Familie Wagner lebte von 1866 an in Tribschen in der Schweiz. Nach längeren Überlegungen entschied sich Wagner für Bayreuth als künftige Stätte seiner Festspiele. Das alte markgräfliche Opernhaus zwar, an das Wagner zunächst gedacht hatte, kam nach der ersten Besichtigung im April 1871 als zu klein nicht in Frage. Also plante Wagner einen eigenen Bau, allerdings schon in Bayreuth. Die Überlegung Wagners war offenbar: zwar in Bayern, im Herrschaftsgebiet des geldgebenden Königs, aber nicht im verhaßten Altbayern gelegen oder gar in München, sondern im »freien Franken« – »frank und frei« mißverstand er. Dort werden dann also tatsächlich das Festspielhaus und auch die Villa Wahnfried gebaut, und im April 1872 übersiedelt die – nun eindeutig legitimierte – Familie Wagner nach Bayreuth.

Über das Festspielhaus ist viel geredet und geschrieben worden. Daß es eine geniale Theaterarchitektur ist, steht außer Zweifel. Über seine architektonische Erscheinung kann man streiten, was hier nicht geschehen soll. (Lediglich sei auf die feinsinnige Analyse des Baues durch den großen Architekten Kuno Krissler hingewiesen.) Der freche Wiener Schriftsteller und »Spaziergänger« Daniel Spitzer (1835–1893) hat 1876 Bayreuth besucht und folgende Glosse geschrieben:

»Ich ging auf das fabrikartig aussehende Theater zu, einen Rohziegelbau, in dem die Melodie ohne Ende erzeugt wird, und trat ein. Der amphitrealisch gebaute Zuhörerraum machte auf mich den unangenehmen Eindruck eines Concilssaales, in welchem die Vertreter der verschiedenen Wagner-Diöcesen saßen, um die Unfehlbarkeit des Meisters zu beschließen. Das Haus war gefüllt, und da die Wagner-Vereine die wildesten Zukunftsmusiker ausgespien hatten, herrschte eine sehr große Unfrisirtheit. [...]

Die Instrumente im überwölbten Orchester wurden gestimmt – nein, es war die Ouvertüre, die eben begonnen hatte. Es theilte sich der Vorhang, man sah eine Höhle mit einem Schmiede-Ofen, und ein struppiger Mann trat auf mit seltsam eingebogenen Knieen, eine Gangart, die andeuten sollte, daß er ein Zwerg sei. Er begann in Jammertönen zu declamiren, aber ich verstand keine Silbe. Es war die Musik der Zukunft, erläutert duch die Sprache der Vergangenheit! [...]

Der Vorhang schloß sich, der erste Act war zu Ende,

und ich stürzte ins Freie. [...] Ich eilte auf den Bahnhof. ›Wohin geht der nächste Zug?‹ fragte ich. – ›Nach Bamberg.‹ So kommt der Mensch nach Bamberg und weiß nicht wieso.«

*

Als Richard Wagner starb, war der designierte Erbe der Festspiele und der Idee Bayreuth, Richards und Cosimas einziger Sohn Siegfried, erst dreizehn Jahre alt. (Aus der ersten Ehe mit Minna, geb. Planer, hatte Wagner keine Kinder.) Cosima übernahm also die Geschäftsführung, und erst 1906 trat Siegfried sozusagen offiziell die »Thronfolge« an, aber das Nachfolgeproblem war damit jedoch noch nicht gelöst. Dazu muß man die, wie bei so vielem in Wagners und der Seinen Leben, delikaten Familienumstände kennen.

Cosima Wagner, die (uneheliche, aber vom Vater legitimierte) Tochter Franz Liszts und der Gräfin Marie d'Agoult, war in erster Ehe seit 1857 mit dem Lisztschüler, Pianisten, Dirigenten und glücklosen Komponisten Hans Guido Freiherr von Bülow verheiratet, einem hochsensiblen, neurotischen, sicher begabten, gelegentlich beißend sarkastischen und immer kranken Menschen. Aus der Ehe, die alles andere als harmonisch war, gingen – und hier begibt man sich schon auf ungesichertes Terrain – zwei, möglicherweise drei Töchter hervor. Gesicherte Bülow-Töchter waren die Baronessen Daniela (geboren 1860), die die neurotischen Anlagen ihres Vaters geerbt hatte, und Blandine (geboren 1863).

Die Liebesbeziehung Cosimas mit Wagner begann 1862. Die beiden hielten sie vor Bülow geheim, nicht zuletzt, weil Wagner die Hilfe des inzwischen prominenten Kapellmeisters für die Uraufführung der »Meistersinger« und des »Tristan« brauchte. Es begann eine unappetitliche Affäre, sicher der schmutzigste Abschnitt in Wagners Leben, eine Abfolge von Verlogenheiten, Treuebrüchen, Opportunismen, garniert mit abstoßendstem Pathos. Die schmierigen Einzelheiten dieser Komödie, die sowohl auf Wagner als auch auf Cosima ein ganz übles Licht werfen, sind vielfach dargestellt worden. Ich erspare sie dem Leser hier. Wer mag, kann sie in der vorzüglichsten Wagner-Biographie, die ich kenne, die aus der Feder Martin Gregor-Dellins, nachlesen. (Selbst ich, notorischer Besserwisser, habe nur einen einzigen Fehler in diesem Buch gefunden: Gregor-Dellin zählt unter den prominenten Gästen der ersten Festspiele 1876 auch Hector Berlioz auf, der ist allerdings schon 1869 gestorben. Der Geist Berlioz', nämlich dessen überragende Instrumentationskunst, von der Wagner viel profitiert hatte, wehte aber sicher über den Grünen Hügel.)

Alles in allem, nachdem Cosimas Ehe mit Bülow durchaus auch »körperlich« neben ihrem intimen Verhältnis einherlief, ist es ungewiß, wessen Tochter das 1865 als Isolde von Bülow geborene Kind war. Es ist zu vermuten, daß niemand das wußte, nicht Wagner, nicht Bülow, nicht Cosima und selbstredend Isolde selbst am wenigsten.

Wagner provozierte seinen Hinauswurf aus Bayern höchstpersönlich, durch zunehmenden Übermut, seine frech gesteigerten Ansprüche, sein unschickliches Verhalten in der Öffentlichkeit und sogar gegen den König. Auf die unschönen Einzelheiten soll hier nicht eingegangen werden. Nur soviel: 1865 geht Wagner zum zweiten Mal ins Exil in die Schweiz, nach einigem Hin und Her folgt ihm Cosima. Das Liebesverhältnis ist nun nicht mehr zu verbergen. Der noble Bülow verzeiht; später soll er gesagt haben, als man ihn fragte, warum er nicht in Bayreuth dirigiere: Er fürchte, daß Wagner ihm auch seine zweite Frau wegnehme – und die erste zurückgebe. Nach der Geburt zweier weiterer, unstreitig Wagners Lenden entsprossener Kinder: Eva (geboren 1867) und Siegfried (geboren 1869), wird die Bülow-Ehe geschieden. (Wagners erste Frau Minna war inzwischen gestorben, Wagner somit »frei«.) Wagner und Cosima werden am 25. August 1870, sinnigerweise König Ludwigs II. Geburtstag, in der protestantischen Kirche in Luzern getraut. König Ludwig II. entzog Wagner, trotz aller Enttäuschungen, die er ihm bereitet hatte, seine Gunst nie ganz, wenngleich die Distanz größer wurde. (So zahlte der König die Miete für das Luxus-Exil in Tribschen.)

Ein weiterer sympathischer Charakterzug Wagners: Er unterschied in keiner Weise zwischen seinen und den Bülow-Kindern, brachte allen die gleiche Zuneigung entgegen. Nicht so Cosima. Ihr Liebling war – abgesehen von ihrem schon Affenliebe zu nennenden Vorzug für Siegfried – Eva. Ihr legte sie ja dann auch, böse gesagt, stellvertretend den Chamberlain ins Ehebett. Dem Verkünder der »Zuchtwahl« gelang diese für ihn persönlich nicht, das Ehepaar blieb kinderlos. Chamberlain siechte in den späteren Jahren elend dahin, wahrscheinlich auf Grund einer Syphilis, die er sich bei seinem flotten Leben in Wien während seiner ersten Ehe zugezogen hatte. Das Heraufkommen des Nationalsozialismus konnte er nur noch durch mattes Winken aus dem Fenster begrüßen. Dies tatsächlich, nämlich beim Vorbeimarsch der braunen Horden 1923, als Hitler einen »Deutschen Tag« in Bayreuth veranstaltete, bei welcher Gelegenheit er nicht nur Wahnfried, sondern auch Chamberlain besuchte, vor dem er, voll Verehrung, tatsächlich niederkniete.

Ebenso kinderlos blieb die Ehe Danielas mit Henry Thode; abgesehen davon wären sie und ihre Nachkommen für die »Erbfolge« auf dem Grünen Hügel nicht in Frage gekommen, weil sie ja keine Tochter Wagners, sondern ein Kind Bülows war. Das galt auch für die zweitälteste Bülow-Tochter Blandine, die, noch zu Lebzeiten Wagners, einen sizilianischen Grafen geheiratet hatte, Biagio Conte Gravina, dem sie vier Kinder schenkte, unter anderem Gilberto Conte Gravina, genannt »Gil«. Ich habe den noblen, freundlichen Grafen »Gil« in meiner Staatsanwaltszeit in Bayreuth noch in seinem Stammlokal, dem »Wolfenzacher«, kennengelernt. Er gehörte zum Bayreuther Establishment und war für den Wagner-Clan keine Gefahr, weil er sich nicht in Festspielangelegenheiten einmischte. Die Presse in Bayreuth fand für ihn die Sprachregelung, da man ihn nicht gut als Enkel Wagners bezeichnen konnte: »der Urenkel Liszts«, der, noch im Alter rüstig, die damals alljährliche Wanderung um den Sophienberg anführte.

Da Siegfried, 1906, als er, wie gesagt, die Festspielleitung übernahm, schon siebenunddreißig Jahre alt und zum Leidwesen Cosimas immer noch unverheiratet war, blieb als einziger leiblicher Enkel Wagners – war er denn ein echter Enkel? – der Sohn Isoldes und ihres Mannes, des Kapellmeisters Beidler, übrig: Franz Wilhelm Beidler, geboren 1901.

Es schien keine Aussicht, daß »Fidi« heiratete, auch in den folgenden Jahren nicht. Er lebte, was sorgsam vor Cosima verborgen wurde, seine homosexuellen Neigungen aus und dachte nicht an eine Ehe. Die Situation wurde virulent, als sich Isolde und ihr Mann Franz Beidler mit

Cosima, der Lieblingstochter Eva und mit Fidi verkrachten. Angeblich ging es um unverschämte Ansprüche Beidlers auf zusätzliche Dirigate bei den Festspielen, aber die Gründe lagen wohl tiefer. Cosima mochte Beidler nicht und wollte vermeiden, daß er oder sein Sohn dereinst die Festspiele leiteten. Es kam zum schmutzigen »Beidler-Prozeß« (1914), bei dem Cosima sich nicht zu schade war, in ihrem Alter (sie war siebenundsiebzig) ihr seinerzeitiges Geschlechtsleben in öffentlicher Verhandlung auszubreiten – sie, die sonst so sehr auf aristokratische Contenance hielt. Nein, sagte sie, Isolde sei nicht Wagners Kind. Isoldes Klage wurde daraufhin abgewiesen. (Es ging im juristischen Sinn sozusagen stellvertretend um erbrechtliche Fragen. Erbbiologische Untersuchungen, gar biologische Analysen usw. gab es damals noch nicht.)

Franz Wilhelm Beidler hat später ein bemerkenswertes Buch, leider Fragment geblieben, über Cosima Wagner, seine Großmutter, geschrieben. Er starb 1981, und wenn man eine Photographie von ihm anschaut, die ihn in mittlerem Alter zeigt, glaubt man, der alte Richard blicke einen an. War Isolde doch …? Hat Cosima damals eine wissentlich falsche uneidliche Aussage vor Gericht gemacht?

Wer in Cosimas Augen, da sie nun die Beidlers »entwagnert« hatte, in fernerer Zukunft für die Führung der Festspiele, des Wagner-Erbes, in Frage käme, da weit und breit kein Reis am Stamme des »Meisters« zu sehen war, ist unklar. Hoffte sie immer noch, daß Fidi, inzwischen fünfundvierzig Jahre alt, doch noch heiraten werde? Sie hatte schon viel früher Versuche unternommen, um ein offizielles Protektorat Kaiser Wilhelms II. über die Festspiele zu erreichen. Das war kurz nach dessen Thronbesteigung 1888. Der grundunkultivierte Bismarck hatte dem Kaiser energisch von solchem Mumpitz abgeraten. So wurde nichts daraus. Vielleicht hatte Cosima spekuliert, daß die Festspiele eine Art Nationalheiligtum unter staatlichem Schutz werden sollten. (Das gelang erst Winifred eine Generation später.) Diese ganzen Sorgen entwichen, als die große Erlösung eintrat und der bis dahin hartnäckige Junggeselle Siegfried doch noch heiratete, kurz hintereinander vier Kinder zeugte und sich dann wieder seinen homosexuellen Freunden und Freuden zuwandte. Es sei ihm gegönnt.

Der Kriegsausbruch 1914 fiel in die ersten Wochen der Festspiele. Sie mußten abgebrochen werden, was einen Verlust von vierhunderttausend Mark mit sich brachte. Erst 1924 konnten sie wieder aufgenommen werden. Wie oben schon erwähnt, nahm, nach Siegfrieds Tod, Winifred die Leitung in die Hand, unterstützt von Heinz Tietjen. Wenn ein über die Freundschaft hinausgehendes Liebesverhältnis Winifreds mit Hitler eine Legende ist, so ist es richtig, daß Tietjen nicht nur graue Eminenz der Festspiele, sondern auch der Liebhaber Winifreds und Ersatzvater der Wagnerkinder war.

Heinz Tietjen war eine schillernde Figur und wäre einen eigenen Roman wert. Er war Dirigent, unter anderem Schüler Arthur Nikischs, vor allem jedoch Regisseur und Intendant, stieg, ohne je Mitglied der NSDAP zu sein (Vorsicht ist die Mutter der Porzellankiste), aber als enger Freund Görings, von Stufe zu Stufe und war zuletzt, bevor er nach Bayreuth »berufen« wurde, »Generalintendant der Preußischen Staatstheater«, also einer der mächtigsten Kulturmanager im »Dritten Reich«. Er galt als »Meister der Intrige« (so bezeichnet ihn Michael H. Kater in seinem lesenswerten Buch »Die mißbrauchte Muse. Musiker im

Dritten Reich«), ein Virtuose des Benützens der Hintertür, was er, muß man zu seiner Ehre sagen, auch zugunsten verfolgter Juden einsetzte, etwa des Dirigenten und Komponisten Leo Blech, den er einige Jahre über Wasser halten konnte.

Ein Verdienst Tietjens war auch, daß er zusammen mit dem schon erwähnten Bühnenbildner Emil Preetorius die erste vorsichtige Entrümpelung aller Bayreuther Inszenierungen nach und nach zuwege brachte. Freilich mußte er nach Kriegsende ein wenig abtauchen, doch 1948 war er schon wieder da und brachte es sogar zum Intendanten der Hamburger Staatsoper – dem Freund Görings wurde 1953 das Große Bundesverdienstkreuz verliehen. Nun ja, es mag nicht einfach und also ein »Verdienst« gewesen sein, zum Freund eines drogensüchtigen Fettsacks mit Größenwahn zu werden. In Bayreuth war Tietjens Zeit allerdings vorbei, wenn er auch noch einmal, 1959, den »Lohengrin« dirigieren durfte.

Wie oben erwähnt, übernahmen, unter Ausschaltung Winifreds, was diese als herzlos empfand, die beiden Söhne Wieland und Wolfgang die Festspielleitung. Wieland starb am 17. Oktober 1966, seitdem führte die Festspiele Wolfgang Wagner allein, unterstützt von seiner Frau Gudrun, deren Anteil an der Leitung nicht unterschätzt werden sollte.

Seit den neunziger Jahren des 20. Jahrhunderts zerbrachen sich Leute, die das mehr oder weniger nichts anging, Wolfgang Wagners Kopf, wer einst die Nachfolge in der Festspielleitung antreten solle. Wolfgang Wagner war damals gut siebzig Jahre alt, in einem Alter also, in dem, praeter propter, Adenauer die Kanzlerschaft der Bundesrepublik übernommen, Fontane seine großen Romane zu schreiben begonnen hatte. »WW« (so sein Autokennzeichen) sah daher keine Veranlassung, sich seinerseits den eigenen Kopf über jene Frage zu zerbrechen. Freilich war klar, daß sich Wolfgang und Gudrun Wagner imstande sahen, so lang auszuharren, bis ihre gemeinsame Tochter Katharina so weit herangewachsen war, daß sie die Festspielleitung übernehmen könne. Das Küken war damals keine zwanzig.

Der völlig überraschende Tod von Gudrun Wagner führte die am allerwenigsten erwartete Konstellation in der Nachfolgefrage herbei. Die Querelen, Intrigen und Besserwissereien des Jahres nach Gudrun Wagners Tod sind Festspiel- und (um die vergeblich bis zuletzt querschießende, sonst achtbare Nike Wagner zu zitieren) »Wagner-Theater«-Geschichte geworden und ödeten schon an, als sie aktuell waren, und sollen hier nicht wiedergekaut werden. Der Stiftungsrat hat Ende September 2008 nach Wolfgang Wagners Rücktritt beschlossen, Katharina Wagner und ihre ältere Halbschwester Eva Wagner-Pasquier (»WW«s Tochter aus erster Ehe) mit der sozusagen gesamthänderischen Leitung der Festspiele zu betrauen. Ob das Gespann aus den ehemals (milde gesprochen) einander fernstehenden Schwestern gutgeht, bleibt abzuwarten. –

Und nun ist Wolfgang Wagner gestorben. Er hat – das wäre ein seltener Fall gewesen – den 200. Geburtstag seines Großvaters doch nicht mehr erlebt. Und bei seiner Trauerfeier ist, wie man hören mußte, der Doppelsinn des Wortes »Wagner-Theater« wieder einmal zutage getreten.

*

Die Familie Wagner stand immer und steht auch heute immer noch im Lichte öffentlicher Aufmerksamkeit, das wellenweise anschwillt oder abnimmt, je nachdem, was sich auf dem Hügel oder in Wahnfried tut. Wobei, das weiß der fortgeschrittene Wagnerianer natürlich schon, bevor er dieses Buch liest, in Wahnfried heute nur noch der Geist Wagners wohnt, kein heutiger Wagner mehr. Haus Wahnfried ist jetzt das zentrale Wagner-Museum, vorzüglich eingerichtet und geführt, und enthält Erinnerungsstücke an Wagner (seine Brille, sein Barett u.a.), Bilder, Bühnenmodelle, Dokumente, Kuriosa und vieles mehr – durchaus nicht unkritisch, Antisemitismus, Naziverbindung bleiben nicht ausgespart. Wer dieses Museum bei seinem Bayreuth-Aufenthalt nicht besucht, dem machen die Festspiele, um ein Wort Goethes anzuwenden, »kein Bild in der Seele«.

Die Wagners waren schon immer, wie Richard Wagner selbst, hin- und hergerissen zwischen dem Wunsch, die Aufmerksamkeit der Welt zu erregen, und dem Bedürfnis, Dinge, die ebendiese Welt nicht erfahren sollte, unter den Teppich zu kehren. Und es gab und gibt im Clan Wagner genug, was nach Ansicht der Familie die Welt nicht zu erfahren braucht – zum Teil selbstverständlich zu Recht.

Über das Verhältnis der Brüder Wieland und Wolfgang zueinander ist viel getuschelt worden. In der Tat scheint es nicht immer ungetrübt gewesen zu sein, das wird selbst in Wolfgang Wagners Autobiographie »Lebens-Akte« nicht ganz verschwiegen, wenn es auch unbedingt glaubhaft ist, daß Wolfgang klar sah, welcher Verlust der frühe Tod Wielands gewesen ist. Ohne Zweifel war Wieland ein genialer Regisseur, das evozierte die Meinung, Wolfgang sei ein schlechter solcher. Das ist ungerecht. Es gibt tausend

Regisseure, die nicht so genial sind, wie es Wieland Wagner war, und doch nicht schlecht. Was ich an Regiearbeit von Wolfgang Wagner gesehen habe, war achtbar und gut, was man von manchem anderen, der in alten Zeiten auf dem Hügel gefuhrwerkt hat, nicht sagen kann. Unbestreitbar dagegen dürfte sein, daß Wolfgang Wagner es ist, der die Festspiele zu dem gemacht hat, was sie heute sind und was sie, das vergessen manche, bis 1951 nicht oder zumindest nicht immer waren: ein weltoffenes Ereignis, nicht wie früher nur für Wagnerianer, ein Hort der Aufführungen von fast immer höchster Qualität (die mißglückten Schlingensief-, Marthaler- und Katharina-Inszenierungen beiseite gelassen) und nicht zuletzt das einzige Theaterunternehmen der Welt, das nicht nur zu hundert, sondern zu siebenhundert Prozent ausgelastet ist.

Eines von Wolfgang Wagners Geheimnissen war, daß er jeden, aber auch wirklich jeden Mitarbeiter der Festspiele vom Stardirigenten bis zur Hilfsgarderobiere kennt (zum dritten Beleuchter auf der Brücke: »Und hat ihr Bub den Keuchhusten überstanden?« »Danke, gottlob, Herr Wagner.« »Ja, dann alles Gute ...« und so weiter), dann seine enorme Tat- und Spannkraft, die ihn bis ins hohe Alter nicht verlassen hat. Daß der Anteil seiner Frau Gudrun nicht zu unterschätzen ist, wurde schon erwähnt und soll hier ausdrücklich wiederholt werden.

Dieser Lobeshymnus auf Wolfgang Wagner darf nicht in Hofberichterstattung ausarten. Manches ist an ihm nicht ganz verständlich, so sein Verhalten gegen seinen Sohn Gottfried aus erster Ehe. Gottfried Wagner hat ein böses Buch über Bayreuth, den Hügel und die Wagners geschrieben. Doch das Buch ist, richtig gelesen, ein rührender, ein beklemmender Aufschrei dieses – nicht mehr jungen –

Mannes nach nichts weniger als der Liebe des Vaters. Warum sie ihm dieser verweigert? Nun, auch das mag etwas sein, das Außenstehende nichts angeht.

Nicht unverständlich ist die ihm als Hartnäckigkeit oder Altersstarrsinn ausgelegte Weigerung, als Festspielchef zurückzutreten. Die vordergründigste Antwort auf die Frage, warum er es nicht tut, ist: Warum sollte er? Und es hat die Sache noch niemand besser gemacht als er.

Die »Wachablösung«, der »Machtwechsel« hat schon größere Komplexgebilde, zum Beispiel Weltreiche bei faktischen, außerjuristischen Herrschaftsverhältnissen zusammenbrechen lassen. Die »Bayreuther Festspiele« sind ein höchst empfindliches Gebilde, und die Bemühung Wolfgang und Gudrun Wagners um vorsichtige Handhabung war nicht unbegründet. Nun ist es also geschehen. Katharina Wagners »Meistersinger«-Inszenierung ist höchst umstritten, aber das besagt noch nichts über die Fähigkeiten der Frau zur Leitung der Festspiele. (Ein Rezensent schrieb zu dieser »Meistersinger«-Inszenierung, sie sei nicht unbegabt und stellenweise ganz lustig, man verstehe nur nicht, daß man zur Inszenierung Wagners »Meistersinger«-Musik spiele.) Eva Wagner-Pasquier hat unbestreitbar jahrelange handfeste Erfahrung in der Theaterarbeit, sie war lange Zeit Chefin der Festspiele in Aix-en-Provence.

Und – nicht unwichtig – die »Gesellschaft der Freunde von Bayreuth, e. V.« ist mit dieser Regelung einverstanden. Der Leser fragt sich vielleicht an dieser Stelle, wo es denn geschrieben ist, daß nur ein Nachkomme Richard Wagners an der Spitze der Bayreuther Festspiele stehe oder zumindest eine nahe Angeheiratete? Geschrieben steht das nirgendwo. Vernunftgründe dafür lassen sich nicht finden, denn es ist keineswegs gesagt, daß sich Richards und Cosimas alles niederwalzende Organisations- und Geldbeschaffungstalente in gerader Linie vererben. Nur was zählen schon Vernunftgründe, wo der »heil'ge Quell« rauscht, wo Unsagbares weht: »Mein Schlaf ist Träumen, mein Träumen Sinnen, mein Sinnen Walten des Wissens ...« singt die Urwala im dritten Akt von »Siegfried«. »Bayreuth« ist einzig, ist nicht wie andere Festspiele (was nicht heißt, daß Salzburg, München, Bregenz, Pesaro schlechter sind – nur eben anders), ist ein Besonderes, und zu dem gehört, daß nur Werke Richard Wagners dort gespielt werden und daß nur ein »Wagner« dort regiert. Dieses monarchische Prinzip gehört zum wichtigsten Schauer, der den bekennenden Wagnerianer umweht, wenn er den Hügel betritt, und wer weiß, was da Entsetzliches passieren könnte, wenn Republikaner den erblichen Thron stürzten, wenn Werke aus fremder Feder den Tempel entweihten? Es gehört irrational zusammen: die Ausschließlichkeit, um nicht zu sagen das Alleinseligmachende der Wagner-Werke und die sozusagen wagnerapostolische Sukzession.

Schon zu Zeiten des »Neubayreuth« um 1950 wurde überlegt, Wieland hatte diesen Gedanken, ob nicht neben den Werken des »Meisters« die damals vielbegackerten Griechendramen von Carl Orff, von denen heute nimmer die Rede ist, aufgeführt werden sollten. Die Macht der Tradition war stärker. Aus Kreisen um Nike Wagner, vielleicht sogar von ihr selbst, kam in jüngster Zeit beim Brodeln um die Nachfolge wieder der Gedanke, auch anderen Werken den Grünen Hügel zu öffnen. Das Gerede ist wieder verstummt. Und so etwas wäre auch, ist zu vermuten, schädlich. »Bayreuth« würde wie andere Festspiele auch, das Besondere würde entweichen. Erda im »Rheingold« (4. Szene):

»Ich warnte dich;
du weißt genug:
sinn in Sorg und Furcht!«

Nicht zuletzt sollte man bedenken, daß Wagner eigentlich nur für den »Ring« (genauer: dessen zweite Hälfte) und für den »Parsifal« bei der Instrumentation das verdeckte Bayreuther Orchester im Ohr hatte. Für alle früheren Werke ist der Bayreuther Orchestergraben nicht unproblematisch.

In »Sorg und Furcht« um die Besucherzahlen, um die Einzigartigkeit der Werke des »Meisters«. Noch »prahlt prächtig der prangende Bau« (»Rheingold«, 3. Szene), nämlich die siebenfach bewiesene Publikumsgunst, die Myriaden der Werber um Karten, aber sollte Loge, der schlaueste, der sympathischste der Götter, der einzige mit Humor, recht behalten? »Ihrem Ende eilen sie zu, die so stark im Bestehen sich wähnen«? Wenn das sogenannte Regietheater, das anderwärts schon überall die Leute aus den Theatern treibt und das mit Schlingensief und Mittätern schon seinen unheiligen Fuß in die Bayreuther Festspieltür gesetzt hat, dort weiter um sich greift, könnte es sein, daß man nicht mehr zehn Jahre anstehen muß, um mit einer Eintrittskarte begnadet zu werden.

❋

Es ist hier ein Wort zur juristischen Situation angebracht. Bis 1973, also fast hundert Jahre lang, war »Bayreuth« ein reines Familienunternehmen, wenn auch, namentlich in der Nazizeit, staatliche Subventionen geflossen waren. Unter den veränderten Bedingungen der spätestkapitalistischen Zeitläufte war »Bayreuth« als Privatunternehmen jedoch nicht mehr zu tragen. Es wurde mit öffentlicher Hilfe eine »Richard-Wagner-Stiftung Bayreuth« errichtet, die – grob gesprochen – die Trägerin der Festspiele und die Eigentümerin des Festspielhauses ist. Wolfgang Wagner war auf Lebenszeit unkündbarer Geschäftsführer der Festspiele und gleichzeitig – unbefristet – Mieter des Festspielhauses. Nur wenn er das Parkett herausgerissen und verbrannt hätte (zum Beispiel), hätte ihm der Mietvertrag gekündigt werden können. Das hat er füglich unterlassen. Daß er seiner Tochter die Mißhandlung der »Meistersinger« gestattet hat, galt mietrechtlich nicht gleich dem Parkettherausreißen. Eine andere, nicht-juristische Frage ist freilich, wie weit die Verantwortung eines Theaterdirektors geht: Muß er sich darüber informieren, was ein Regisseur im Schilde führt? Verschärft bei sogenannten progressiven solchen?

Das entscheidende Gremium ist der »Stiftungsrat«, dem mit insgesamt vierundzwanzig Stimmen angehören: die Bundesrepublik, der Freistaat Bayern, der Regierungsbezirk Oberfranken, die Stadt Bayreuth, die obenerwähnte »Gesellschaft der Freunde von Bayreuth e. V.« und (mit vier Stimmen) die Familie Wagner. Dieser Stiftungsrat war es, dem gegenüber Wolfgang Wagner die Geschäftsführung der Festspiele sozusagen zurückgegeben hat, gleichzeitig den Mietvertrag einvernehmlich auflösend. Damit haben die Friedensglocken geläutet. »Oh! Welchen Wunders höchstes Glück!« (»Parsifal«, 3. Akt)

*

Der verquere Text des »Parsifal« soll nun hier nicht als dramatisches Meisterwerk hingestellt werden (mehr davon an späterer Stelle), aber ein gewisser sicht- und hörbarer Handlungsverlauf ist doch gegeben. Den hat Christoph Schlingensief, einer der Regieunholde der vergangenen Jahre, als Müllkippe inszeniert. Es kam alles auf die Bühne, was nichts mit »Parsifal« zu tun hatte. Ein Regiekonzept war nur insoweit zu erkennen, als betont keins zu erkennen war. Ein anderer Theaterschänder namens, ich glaube, Keinwitzny oder so ähnlich verlegte – noch nicht in Bayreuth, erst anderswo – den »Tristan« in eine Schule, kann auch sein auf ein Bahnhofsklosett. Katharina Wagner inszenierte den Sänger und Dichter Stolzing in einen Maler um, vielleicht Malermeister? Um ihm dann den Eintritt in die Meistersinger-Gilde zu erleichtern?

Ich habe noch ein paar Vorschläge. Man könnte den Fliegenden Holländer in einen Friseur umdeuten, der Senta heimlich die Zöpfe abschneidet und damit entweicht, worauf sie ins Meer springt. Den »Ring« könnte man unter Wasser spielen lassen, nur die Rheintöchter im Trockenen. Der Parsifal als Donald Duck mit einer Mickymaus als Gurnemanz, wobei sich Walt-Disney-Figuren auch wieder für den »Ring« eigneten: die Riesen als Panzerknacker-Bande, Loge als Daniel Düsentrieb und Mime als Onkel Dagobert. Und natürlich SS und Globalisierung und so, der »Lohengrin« schreit förmlich danach. Und weil wir ja ohnedies vor dem Islam die Hosen gestrichen voll haben, könnten den muslimischen Brüdern zuliebe alle Frauenrollen mit Kopftüchern gesungen und neben dem Festspielhaus das längst fällige Minarett errichtet werden.

*

Wir kehren, soweit das bei Wagnerschen Texten geht, wenn sie nur gelesen werden, zum Ernst zurück. Denn um die Texte geht es von hier an.

In der Diskussion um die Nachfolge Wolfgang Wagners wurde, wie erwähnt, schon ventiliert, ob man nicht Werke anderer Komponisten, sofern sie würdig (wer wäre das? eine schwierig zu beantwortende Frage), auf dem Hügel ins Programm nehmen solle. Es scheint, daß man davon wieder abgekommen ist. Ein weniger brisanter Vorschlag war der, und das scheint mir wirklich nicht abwegig, ob man nicht auch die bisher als für die Festspiele ungeeignet angesehenen Opern Wagners, also seine Jugendwerke (Jugendsünden in den Augen mancher Träger des »Goldenen A ...«), zu den bisher sanktionierten hinzunehmen sollte. Das sind die beiden komischen Opern »Die Feen« und »Das Liebesverbot« und die »Große tragische Oper in fünf Akten, Rienzi, der letzte der Tribunen«. Vielleicht nähert man sich dem Gedanken wenigstens für »Rienzi«.

II.
Die frühen Werke – geniale Jugendsünden?

Es gibt, meines Wissens, keine dezidierte Anweisung Richard Wagners, daß diese Jugendwerke, von denen »Die Feen« zu seinen Lebzeiten nie aufgeführt wurden, nicht in Bayreuth, also im Festspielhaus gespielt werden dürfen. Es gibt sie schon deshalb nicht, weil Wagner nur den »Ring« und den »Parsifal« für die Festspiele gedacht hat und möglicherweise überhaupt nach den trotz allem unbefriedigenden Festspielen 1876 und 1883 gar nicht mehr an ein Weiterleben der Institution glaubte. Erst Cosima erweiterte, wie oben schon erwähnt, nach und nach das Repertoire, zuletzt mit dem »Fliegenden Holländer«, wobei es dann bis heute blieb.

»Die Feen« schrieb Wagner – zwanzigjährig – in Leipzig im Winter 1832/33 und arbeitete Teile davon noch 1834 um. Die Partitur ist von erstaunlicher handwerklicher Reife, die Instrumentation voll auf der Höhe der Zeit. Es sei bei dieser Gelegenheit die – nicht zu beantwortende – Frage aufgeworfen, wo und von wem Wagner dies gelernt haben kann? Bis 1832, also bis zu dem Jahr, in dem er seine erste Oper zu schreiben begann, hatte er zwar alles mögliche studiert, sich als Dichter verstanden, aber kaum Musikunterricht erhalten. Er hatte eine Zeitlang Geigenspielen gelernt, spielte recht und schlecht Klavier (war zeitlebens kein begnadeter Pianist) und versuchte, sich mittels eines Kompositionslehrbuches selbst die Kunst des Tonsetzens beizubringen. Erst 1832 nahm er für kurze Zeit regelmäßigen Unterricht beim Thomaskantor Theodor Weinlig, einem tüchtigen Musiker, der ihn in Harmonielehre und Kontrapunkt, im strengen Satz unterrichtete und mit ihm musikalische Analysen der Werke unter anderem Mozarts betrieb. Der Unterricht dauerte kein Jahr. Weinlig erkannte übrigens Wagners Genie, ob im ganzen Umfang bleibe dahingestellt. Er erlebte die Erfolge seines Schülers nicht, starb schon 1840. Er nahm übrigens kein Geld für den Unterricht, denn, so sagte er zu Richards Mutter, es sei eine reine Freude für ihn gewesen, den jungen Mann zu unterrichten. Die aus der »Feen«-Partitur ersichtliche, vollkommene Beherrschung der Instrumentation, der musikdramatischen Proportionen, der Behandlung der Stimmen konnte Wagner nicht bei Weinlig gelernt haben, das mußte aus ihm selbst herausgekommen sein, gerüstet wie Pallas Athene aus der Stirn des Zeus.

Und noch eine Bemerkung zu Kontrapunkt und strengem Satz. So wenig wie Hans Sachs, der den jungen Spund Stolzing lehrt, die Meister nicht zu verachten, die Meistersinger-Regeln in Frage stellt, so wenig verachtete Wagner die Kunst und die Kunstfertigkeit der musikalischen Heroen der Vorzeit. Doch die Form der Fuge, jede kontrapunktische Stimmenverschränkung kam für ihn nicht in Betracht. Wagner kam es auf die Verständlichkeit der gesungenen Texte in seinen Opern an. Er wollte der Welt außer seiner Musik auch seine Botschaft schenken, was immer die war. Glaubte er, seine Musik allein, ohne Botschaft, reiche nicht? Traute er seiner Musik nicht? Wie auch immer, die Textverständlichkeit war ihm wichtig, und nun versteht man vom gesungenen Text höchstens ein

Viertel, bei Ensembles noch weniger und bei vokalen Fugen, wenn alle durcheinandersingen, eigentlich gar nichts. Kommen in den frühen Opern noch Ensembles in konventioneller Form vor, vermied Wagner vom »Fliegenden Holländer« an zunehmend diese. Kommen im »Ring« immerhin noch vereinzelt und sparsam Duette vor und noch sparsamer andere Ensembles (der Gesang der Rheintöchter, der Walküren), so ist es damit im »Parsifal« fast zu Ende. Ist es bezeichnend, daß die ganz wenigen Ensembles in dieser, beinahe hätte ich den Ausdruck »Oper« hierhergeworfen, in diesem Bühnenweihespiel, der Gralsrittermarsch und die Gesänge der Blumenmädchen, zu den mattesten der ohnedies insgesamt matten Einfälle in diesem Spätwerk gehören? Wagner selbst war es, der den Gralsrittermarsch als bestenfalls für Kurkapellen geeignet nannte und die Gesänge der Blumenmädchen als solche für »Gassenmädeln«.

Wie gesagt, Wagner lehnte Fugen, fugierte Formen, überhaupt alle Formen, in denen die Textlinien von den Gesangslinien abweichen, sich verschränken oder gar gegeneinander stehen, ab. (Bei Chören ist das ja anders, wie gesagt, da singen alle, zwar auf verschiedene Stimmen verteilt, denselben Text. Aber selbst Chöre vermied Wagner zunehmend.) Dennoch ist Richard Wagner der Komponist einer der großartigsten Ensemble-Fugen der Musikgeschichte: der Prügelszene am Ende des zweiten Aktes der »Meistersinger«. Und das Finale des ersten »Meistersinger«-Aktes ist ein Stück kontrapunktischer Satzkunst sondergleichen. Jeder der Meistersinger hat ein eigenes melodisches Motiv, und in der aufgeregten Schlußszene verbinden und verknüpfen sich diese ganzen Motive wie von allein kontrapunktisch in kunstvoller Art. Nur Verdi in der berühmten Schlußszene seines »Falstaff« hat das noch übertroffen.

So eine Bemerkung zum Lob Verdis hätte man seinerzeit in Wahnfried sehr übel aufgenommen. (Ist auch heute noch nicht ganz ungefährlich.) Wagner war zwar schon tot, als Verdis »Falstaff« auf die Bühne kam, aber Cosima lebte noch, und sie hatte einen Codex, wonach gewisse Namen nicht genannt werden durften – »Verdi« stand an einer der obersten Stellen.

Verdi und Wagner sind einander nie begegnet, obwohl sie zumindest einmal einander geographisch nahe waren, das war 1875 in Wien. Verdi hörte Wagners »Tannhäuser«, Wagner hörte Verdis »Requiem« und äußerte sich naserümpfend. Sosehr Wagner Rossini zwar nicht gerade himmelhoch schätzte, ihn jedoch immerhin gelten ließ, sowenig mochte er Verdi.

Rossini, dies sei hier kurz erwähnt, kannte er sogar persönlich. Er besuchte ihn im März 1860 in Paris. Der noch nicht vom Gnadenruhm des bayrischen Königs umglänzte Wagner benahm sich dem berühmten Rossini gegenüber, der außerordentlich liebenswürdig und gar nicht hochnäsig war, sehr devot, fast kriecherisch, auch einer der unangenehmen Charakterzüge Wagners.

Zurück zu Verdi. Soweit ich weiß, gibt es keine deutliche, sachliche Äußerung Wagners über Verdi. Aus Cosimas Tagebüchern geht hervor, daß sich Wagner offenbar immer eher abschätzig über Verdi geäußert hat, und so ist auch die Erwähnung Verdis in einem Brief Wagners an Mathilde Wesendonck. Wagner phantasierte in seinen späteren Jahren gern abends auf dem Klavier vor der Familie und auch vor Gästen über eigene, aber auch über fremde Themen. Als er eines Abends einmal über eine Melodie von Verdi phantasierte, so tat er das, um sich und mit Cosima darüber lustig machen zu können. Ich zweifle nicht daran, daß Wagner hinter seinem eigenen Rücken die Größe Verdis erkannte, daß er sie fürchtete und sie deshalb vor sich selbst verleugnete. Er war ja nicht dumm, und für musikalische Qualität hatte er, wie nicht anders zu erwarten, Gespür. War es Neid? Der Neid des dumpfen Nibelung in seiner Neidhöhle gegen den lichten Gott dort oben im fernen Arkadien, der ohne alle krause Philosophie auskam?

Verdi dagegen anerkannte die Größe Wagners, leugnete nicht, von ihm beeinflußt worden zu sein (auch der größte Meister weiß, daß er von allen und allem lernen kann, daß das Lernen nie aufhört – und vielleicht besteht darin ein Teil der Meisterschaft überhaupt), und im »Otello« ist das nicht zu überhören. Freilich hat Verdi, wie anders nicht denkbar, die Wagnerschen Errungenschaften sich anverwandelt. So gesehen sind Teile des »Otello« und später auch »Falstaff« der beste Wagner, den es gibt – weil ohne Erlösungskäse und damit reine Musik.

Als Verdi vom Tod Wagners erfuhr, schrieb er an seinen Verleger Ricordi: »Triste, triste, triste! Wagner è morto!« Und: »Eine große Persönlichkeit ist von uns gegangen!« Wagner habe »una potentissima impronta!« hinterlassen, »einen sehr mächtigen Fußabdruck (Fußspur)«. Man vergleiche damit die kleinkarierte, bösartige Reaktion Wagners, als er vom Tod Meyerbeers erfuhr. Ohne Zweifel war der liberale Grandseigneur Verdi zumindest menschlich von größerem Format. Ob auch musikalisch, soll deswegen dahingestellt bleiben, weil ich Lob des einen auf Kosten des anderen ungut finde. Nur so viel: Wagners Musik mag stellenweise großartig, tiefsinnig, heroisch, hochinteressant sein, zu Herzen geht sie mir nicht. Es folgt nun ein

Satz, der denjenigen, der mittels dieses Büchleins ins Innere des Gralstempels fortschreiten will, veranlaßt, nicht mehr weiterzulesen. Für die einzige Arie der Eboli in »Don Carlo«: »O don fatale ...« gebe ich alle, ich sage: alle Wagner-Opern hin, und einen so zutiefst menschlichen Aufschrei wie den des erniedrigten Rigoletto in dessen erschütternder Klage »Miei signori, perdono, pietate ...« hat Wagner nie zu gestalten vermocht. Es mag vielleicht überhaupt daran liegen, daß Wagners Kunst nie im Innersten ergreift, daß eine Szene wie Wotans Abschied vielleicht (ja auch im szenischen Sinn) göttlich ist – aber nicht menschlich.

*

Nach verschiedenen Versuchen und Anläufen zu einer Oper, manchmal blieben sie schon beim Verfassen des Textbuches stecken, und nach der Komposition einer ausgewachsenen, großen Symphonie – der erwähnten in C-Dur (1832) – ging Wagner an seine erste Oper, die er dann fertig schrieb: »Die Feen«. Den Text verfaßte er selbst nach der Komödie »La donna serpente« (»Die Schlangenfrau« oder »Die Frau als Schlange«) von Carlo Gozzi. Die Handlung bewegt sich im Rahmen der damals beliebten und theaterwirksamen Märchen- und Zauberstücke mit Feen, guten und bösen Geistern, Flüchen, Leiden und Prüfungen, völlig in der Irrealität spielend. Bemerkenswert ist vielleicht, daß schon hier eine verbotene Frage – wie im »Lohengrin« – eine Rolle spielt. Martin Gregor-Dellin schreibt zu dieser Oper: »Ebenso wie dramaturgische und inhaltliche Züge des späteren Wagner in diesem Werk [...] bereits vorgeformt sind [...], greifen *Die*

Feen an manchen Stellen auch musikalisch weit voraus und lassen an *Tannhäuser, Lohengrin*, ja sogar *Die Walküre* denken.«

Wagner schrieb die Oper in Würzburg, wohin er im Januar 1833 gereist war, weil dort sein älterer Bruder Albert als Sänger, Schauspieler und Regisseur am Theater wirkte. Er nahm die Stellung eines Chordirektors an dem Theater an, die ganz schlecht bezahlt war, weshalb er bald wieder nach Leipzig zurückkehrte. Dort reichte er die Oper am Theater ein, und es scheint – die Nachrichten davon, auch die von Wagner selbst, sind ungenau – tatsächlich eine Aufführung geplant gewesen zu sein, die dann jedoch nicht zustande kam. Wagner, der zu dieser Zeit (1834) bereits an seiner zweiten Oper arbeitete, verlor das Interesse an seinem Erstling. Zu seinen Lebzeiten fand keine Aufführung statt, lediglich die Ouvertüre dirigierte Wagner in den dreißiger Jahren bei einem Konzert der Freimaurerloge in Magdeburg. Erst fünf Jahre nach Wagners Tod, am 29. Juni 1888, wurde die Oper – mit großem Erfolg – uraufgeführt, und zwar in München. Dennoch scheiterten Wiederbelebungsversuche, und erst als die Oper 1973 in Bayreuth, aber – bewahre! – nicht auf dem Hügel, sondern in der Stadthalle gegeben wurde, eine Veranstaltung des höchst verdienstvollen »Internationalen Jugendfestspieltreffens«, und in einer glänzenden Produktion bei den Münchner Opernfestspielen 1983 unter Wolfgang Sawallisch (von der es auch eine CD-Einspielung gibt), rückte das Werk in das Bewußtsein der Musikfreunde.

※

Hierzu ein Kuriosum. Am 13. Februar 1983 jährte sich der Todestag Richard Wagners zum hundertsten Mal. Und was war der 13. Februar im Jahr 1983? Der Faschingssonntag. Die Intendanten in Deutschland (anderswo war das kaum ein Problem) rauften sich die Haare. An diesem Tag *nicht* Wagners zu gedenken? Unmöglich. An diesem Tag das Angemessenste, nämlich »Parsifal« zu spielen, während draußen die Narren toben? Unmöglich. Meist behalf man sich auf halbem Weg mit den »Meistersingern«, in München eben mit den »Feen«. An der Oper in Mainz soll der Gedanke ventiliert worden sein, zwar »Parsifal« zu spielen, in ihn aber den Karnevalsmarsch, ram-ta-dam-ram-ta-dam-ramda-dadadi-ra, zu integrieren mit dem Ruf: »Die Gralsritter – solle mer se reilasse?« Der Gedanke wurde fallengelassen.

*

Auch sein zweites Bühnenwerk, die »Große komische Oper in 2 Aufzügen: Das Liebesverbot oder Die Novize von Palermo« betrachtete Wagner später als Jugendsünde. Den Text, der auf die bekannte Komödie Shakespeares »Measure For Measure« (»Maß für Maß«) zurückgeht, verfaßte Wagner 1834, die Komposition nahm das folgende Jahr bis Januar 1836 in Anspruch. Wagner war damals Musikdirektor in Magdeburg, eine aufreibende, von (nicht von Wagner verschuldeten) Querelen, Schwierigkeiten, zeitweisen Schließungen, Konzertreisen und Gastspielen durchgebeutelte Zeit. Daß Wagner die Muße fand, in dem Jahr die immerhin 523 Seiten starke Partitur der Oper zu schreiben, ist ein Wunder für sich.

Der Text der Oper folgt mit einigen Abweichungen dem

Gang der Shakespeare-Komödie: Ein tyrannischer Fürst, ein verbohrter Tugendbold, verbietet seinem Volk nichts Geringeres als die Liebe (und NB! den Karneval), wird jedoch durch ebendiese Liebe und die Aufdeckung seiner eigenen heimlichen Lasterhaftigkeit gestürzt, und alles kommt zum guten Ende. Ich zitiere wieder (besser kann man es nicht sagen) Martin Gregor-Dellin: »Wagner [...] präsentierte eine dramaturgisch geschickt aufgebaute, melodienfrohe Oper voller Witz und Vitalität, mitreißenden Ensembles und großen Chorszenen – commedia dell'arte im Geist des ›Jungen Deutschland‹.« Am 29. März 1836 wurde die Oper unter Wagners Leitung in Magdeburg uraufgeführt. Sie war so schlecht vorbereitet, daß sie ein Fiasko wurde. Dennoch sollte sie zwei Tage darauf, besser vorbereitet, wiederholt werden. Die drei Zuschauer, die dazu gekommen waren, wurden aber nur Zeugen einer Prügelei zwischen den Sängern. Es kam zu keiner Aufführung mehr, die Truppe lief auseinander, Wagner verließ Magdeburg und schrieb an Robert Schumann: »Lieber Schumann, hier gibt es nur Scheiskerle (sic!).«

Auch vom »Liebesverbot« gab es zu Wagners Lebzeiten keine weitere Aufführung mehr, und als man 1888 in München den *ganzen* Wagner zu spielen beabsichtigte und die obengenannte Uraufführung der »Feen« erfolgte, sah man von einer Aufführung des »Liebesverbotes« wegen des angeblich anrüchigen Textes ab. Eine gekürzte Fassung gab es dann in Leipzig 1938 zu Wagners 125. Geburtstag und eine vollständige bei den schon erwähnten Jugendfestspielen ein Jahr vor den »Feen« 1972. (Auch davon gibt es eine CD-Einspielung.)

*

Die Jahre, in denen die dritte Oper Wagners entstand, die erste, die dann sozusagen ordentlich aufgeführt wurde: »Rienzi«, waren fast noch turbulenter als die vorausgegangenen. Zunächst ließ sich alles ganz gut an. Im fernen Riga gab es ein deutsches Theater, das der Dichter und Theatermann Karl von Holtei leitete. Riga, die Hauptstadt des heutigen Lettland, gehörte damals zur Provinz Livland des Zarenreiches. Eine bedeutende Minderheit, meist die Oberschicht der Bevölkerung, war deutsch (etwa acht Prozent), in den Städten sogar weit mehr, in Riga fast die Hälfte. Dorthin wurde Wagner, der seine Stellung in Magdeburg verloren und vorübergehend eine Kapellmeisterstelle in Königsberg angenommen hatte, engagiert, und er hoffte, nun ein gesichertes bürgerliches Leben führen, in Ruhe seine Werke schreiben zu können, von denen Weltruhm zu erlangen er nicht etwa träumte, sondern sicher war. Insofern hatte er ja recht, wenngleich er länger warten mußte als angenommen. Mit dem bürgerlichen Leben klappte es nicht. Seine Ehe mit der Sängerin Minna Planer war keine Idylle. Die offenbar eher leichtlebige Person, vier Jahre älter als Wagner, brachte eine uneheliche Tochter Natalie mit in die Ehe, was die Verhältnisse, auch die finanziellen, nicht gerade erleichterte. Die uneheliche Natalie, die Minna zeitweilig, um ihren »Fehltritt« zu verschleiern, als ihre Schwester ausgab, hatte der damals Vierzehnjährigen ein Gardeoffizier namens v. Einsiedeln angehängt, der sich selbstverständlich nie mehr um das Kind kümmerte. Die Ehe mit Minna war noch in Königsberg geschlossen worden, und bevor das Paar (mit Stieftochter) nach Riga übersiedelte, brannte Minna mit einem Kaufmann namens Dietrich durch. Es war jene Affäre, von der man meint, sie sei einer der Gründe für Wagners Antisemitismus: Dietrich sei Jude gewesen, oder Wagner habe ihn für einen Juden gehalten. In der ausführlichen, selbstbemitleidenden Schilderung dieser Vorgänge in Wagners »Mein Leben« steht davon nichts. Sollte es umgekehrt gewesen sein, und Wagner später, um seinen Antisemitismus zu unterfüttern, Dietrich nachträglich als Juden angesehen haben? Im übrigen ist diese umfangreiche, langatmige Autobiographie Wagners »Mein Leben« (fast tausend Seiten dick) wie alle solche mit Vorsicht zu betrachten, zumal sie Wagner – etwa dreißig Jahre später – Cosima diktiert hat, der er nicht für nötig fand, alles zu wissen zu geben.

Wagner trat die Stelle in Riga im August 1837 an, im November kehrte Minna mit Tochter (»Schwester«) reumütig zu ihm zurück und trat auch ein paarmal noch in Riga am Theater auf. In der Zeit bis März 1839 schreibt Wagner zunächst den Text zu »Rienzi«, beginnt im August 1838 mit der Komposition, die sich alles in allem bis Ende des Jahres 1840 hinzieht.

Wie schon erwähnt, beruht der Text des »Rienzi« auf dem gleichnamigen Roman Bulwer-Lyttons, der die Figur seines Helden so weit idealisiert und in romantischem Licht dargestellt hat, daß sie mit der historischen Wirklichkeit nur mehr wenig zu tun hat. Sowohl für Bulwer-Lytton als auch für Wagner war Rienzi ein Freiheitsheld, der im Kampf gegen die Tyrannis stirbt. Einen Kern von Wahrheit enthielt dies. Der aus kleinen Verhältnissen stammende, ca. 1313 in Rom geborene Nikolaus, Sohn des Lorenz und historisch geworden als Cola di Rienzi, brachte sich selbst eine erstaunliche Bildung bei und träumte von der Größe und Ehre der alten Römer, von der in der Stadt der korrupten, grundverdorbenen Papstherrschaft nicht mehr viel zu spüren war, zumal die Päpste in jener Zeit gar nicht in Rom, sondern in Avignon residierten. In Rom herrschten die sich gegenseitig ständig befehdenden Adelscliquen der Orsini, Colonna, Conti usw., die vor allem das Volk kujonierten. Rienzi wurde als Gesandter des Volkes nach Avignon zum Papst delegiert, es war Clemens VI., ein Franzose. Obwohl ein schamloser Verschwender der Kirchengüter, meist zugunsten seiner Verwandten, verweltlicht bis auf die Knochen, ließ er sich von der Eloquenz Rienzis beeindrucken und versorgte ihn mit Vollmachten, um in Rom die Macht der Barone zugunsten einer wenn auch sozusagen von der Ferne gelenkten Papstherrschaft über die Stadt zurückzudrängen. Rienzi, ein feuriger Demagoge, beflügelt und zunehmend besessen von seiner Idee der Größe des antiken Rom, gelang es tatsächlich, die Barone politisch auszuschalten, und zwar – bewundernswert – ohne Blutvergießen; er ernannte sich selbst zum »Tribunen« in Anlehnung an das alte, den Plebejern vorbehaltene Amt des Volkstribunen, entwickelte sich jedoch zunehmend selbst zu einem Tyrannen, verfiel dem galoppierenden Größenwahn, umgab sich mit Leibgarden und Trabanten, schickte großspurige Botschaften an Kaiser und König und benahm sich überhaupt so, daß es nicht zum Aushalten war. Seine Anhänger wandten sich von ihm ab, und er mußte, nach nur einem Vierteljahr des »Tribunats«, fliehen, erst in die Abruzzen, dann nach Prag, wurde dort gefangen und dem Papst ausgeliefert (das war inzwischen der auch nicht bessere Innozenz VI., derjenige, der die frommen Franziskaner-Spiritualen, weil sie gegen die Mißstände der Kurie predigten, auf den Scheiterhaufen schickte), von diesem dann nach einigen Jahren (1354) als »Senator« nach Rom geschickt, als Werkzeug also, um die wieder frech gewordenen Barone neuerdings zu züchtigen. Dies gelang Rienzi wiederum, jedoch als sein Größenwahn zurückkehrte, womöglich noch wuchs und er zudem die Steuern erhöhte, gelang es den Colonna und den Savelli, das Volk gegen ihn aufzuwiegeln. Nun wandte sich auch der Papst von ihm ab, er wurde der Ketzerei bezichtigt, exkommuniziert. Er versuchte, kläglich und ganz unheldisch zu fliehen, wurde erkannt, erstochen, sein Leichnam buchstäblich zerrissen (8. Oktober 1354). (Eine großartige und genaue Schilderung der Gestalt und des Geschickes Rienzis, auch seines Verhältnisses zu Petrarca, mit dem ihn manche Ideen verbanden, findet sich im zweiten Band der »Geschichte der Stadt Rom im Mittelalter« von Ferdinand Gregorovius.)

*

Es ist nicht weiter erstaunlich, daß der Feuerkopf, der schnell begeisterte junge Mann Wagner, der zeit seines Lebens für alles Heroische schwärmte (später allerdings von seinem Ohrensessel aus), von der hochstilisierten Romanfigur »Rienzi« angezogen wurde. Am 5. August 1838 hatte er das Textbuch fertiggestellt, am 7. August begann er mit der Niederschrift des Particells zum ersten Akt.

Wagner hat in seinen letzten fünfzehn Lebensjahren in Wohlstand, in Sicherheit, ja, zeitweilig wie ein Fürst gelebt, auch wenn ihn Geldsorgen plagten, die jedoch nicht sein persönliches Leben, sondern die Festspiele betrafen. Es scheint, als habe er dies mit nicht enden wollenden Widrigkeiten in den ersten Jahrzehnten erkaufen müssen. Sicher war manches, waren vor allem manche Geldverlegenheiten selbstverschuldet, weil Wagner dazu neigte, künftige Erfolge und Einnahmen, so unsicher sie auch waren, sofort sozusagen »auszugeben«. Kaum hatte er, bildlich gesprochen, hundert Dukaten in der Hand, leistete er sich eine Wohnungseinrichtung für tausend auf Pump. Er war der Meinung, daß dem Genie, das er war, die Welt nicht nur die Möglichkeit zum Schaffen, sondern auch zum Wohlleben schulde.

Hm. Hatte er nicht eigentlich recht? Mit seiner Selbsteinschätzung als Genie allemal.

Die Widrigkeiten der frühen Lebensjahre schlugen, kaum lebte Wagner ein Jahr in verhältnismäßig ruhigen äußeren Umständen, unerbittlich zu. Im März 1839 (Wagner war also nicht ganz sechsundzwanzig Jahre alt) kündigte ihm der Theaterdirektor v. Holtei, das heißt, er ging den juristisch etwas eigenwilligen Weg, ganz einfach einen anderen Kapellmeister zu ernennen. Wagner konnte gehen. Mit Minna, der Stieftochter und dem Bernhardiner »Robber«, den fertigen ersten und den halbfertigen zweiten Akt »Rienzi« im Gepäck, begann eine abenteuerliche Flucht. Die deutschen Staaten mußten vermieden werden, denn dort lauerten die Gläubiger der Schulden, die Wagner in seiner Würzburger und Magdeburger Zeit und überhaupt gemacht hatte. Mit einem offenbar verantwortungslos seeuntüchtigen Seelenverkäufer namens »Thetis« segelte man buchstäblich durch »Sturm und Meer«, mehr als einmal drohte Schiffbruch, einmal, am 6./7. August 1839 erwartete Wagner und Minna schon der Tod.

Aber so weit ging der Weltgeist, oder wer auch immer, denn doch nicht, wohlwissend, daß der Mann dort in der Kajüte für Großes aufgespart werden muß. Auf dem Umweg über England kamen Wagners (nebst Robber) nach Paris. Und hier begann erst recht eine Leidenszeit. (Daß einige Eindrücke von dieser Schiffsreise Anregung für den »Fliegenden Holländer« waren, davon später.)

Man muß, dies vorweg, Minna, die sich vorher nicht immer gut als Ehefrau benommen hatte, zugute halten, daß sie diese Leidenszeit treu und geduldig mit ihrem Mann teilte. Nicht so der Bernhardiner Robber, der im Oktober 1839 davonlief und im Herbst 1840, er erschien Wagner wie ein Gespenst, im Nebel kurz wieder auftauchte, um dann endgültig zu verschwinden.

Wagner ernährte sich mühsam durch elende musikalische Gelegenheitsarbeiten, machte Schulden, verpfändete seine Habe, verpfändete die Schuldscheine und verkaufte sein inzwischen geschriebenes Libretto zum »Fliegenden Holländer« an einen Komponisten namens Pierre-Louis Dietsch, der dann, allerdings unter Abänderungen, eine Oper »Le Vaisseau Fantôme« schrieb, die 1842 in Paris uraufgeführt wurde. (Wäre es spaßeshalber interessant, in diese Oper einmal hineinzuhören?) »Fürchterlichere Tage kann niemand erleben«, schrieb er am 1./2. Dezember an Heinrich Laube. Er mußte um einige Francs betteln gehen, um nicht zu verhungern. Und nebenbei schrieb er an der heroischen Oper »Rienzi«. Ist es unverständlich, wenn dieser kleine, vom Elend gebeutelte Musiker sich wenigstens in Gedanken an Heldengestalten erwärmt?

Meyerbeer half mit Geld, die erhoffte Protektion, das heißt die Annahme einer seiner zwei vollendeten Opern, einen Auftrag für den entstehenden »Rienzi«, konnte Meyerbeer jedoch nicht erbringen. Später meinte Wagner natürlich, Meyerbeer, der Jude, habe ihm gar nicht helfen *wollen*. Das dürfte nicht zutreffen. Erstens war Meyerbeers Einfluß trotz seines großen Ansehens nicht allmächtig, und zweitens waren die beiden Frühwerke Wagners nicht nach dem Geschmack des französischen Publikums und der Theaterdirektoren, mag man davon halten, was man will. Es war auch wie verhext: Das »Théâtre de la Renaissance« nahm im März 1840 das »Liebesverbot« dann doch zur Aufführung an – und ging noch im gleichen Monat in Bankrott. Wagner mußte den Eindruck haben, daß er überall, wo er hinlangte, in Pech griff.

Und unbeirrt schrieb er am »Rienzi«, dessen Partitur einige der schwungvollsten, mitreißendsten Passagen und Melodien enthält, die Wagner je eingefallen sind.

*

Und nicht nur »Rienzi«. So unglaublich es in Anbetracht der oben geschilderten Elendssituation Wagners ist, beginnt er sofort, nachdem er am 19. November 1840 mit der nachkomponierten Ouvertüre des »Rienzi« fertig ist, mit der Arbeit am »Fliegenden Holländer«, dessen Text er sogar noch vorher verfaßt und, wie erwähnt, an Dietsch verkauft hatte – was man in Zeiten, in denen vom Urheberrecht noch nicht die Rede war, nicht so eng sah. Das Blatt, auf dem Wagners Lebensweg verzeichnet war, schien sich zu wenden: Im Juni 1841 nahm der Intendant des königlichen Opernhauses in Dresden (also nicht irgendein Direktor einer mehr oder minder vazierenden Wandertruppe) den »Rienzi« zur Aufführung an – auf Empfehlung des Juden Meyerbeer.

Es beflügelte Wagner so stark, daß er nun wie besessen am »Fliegenden Holländer« zu schreiben begann und die gesamte Partitur in wenig mehr als einem Vierteljahr vollendete.

*

Im April 1842 kehrte Wagner nach Deutschland zurück. Am 20. Oktober fand im Königlich Sächsischen Hoftheater in Dresden die Uraufführung des »Rienzi« statt. Sie dauerte über sechs Stunden, obwohl Wagner, noch von Paris aus, einige Kürzungen vorgenommen hatte. Es war ein glänzender Premierenerfolg – und Wagner bekam lumpige dreihundert Taler dafür. (Eine vergleichsweise Umrechnung in heutige Währung ist sehr schwer, wenn nicht unmöglich, da der »Warenkorb« von damals zu dem heutigen kaum in Beziehung gesetzt werden kann. Gemessen am Goldpreis wären, vorsichtig gerechnet, dreihundert [Reichs-]Thaler ca. fünftausenddreihundert Euro, für eine abendfüllende Oper fast nur ein Trinkgeld; weitaus zu wenig, um Wagners damals aufgelaufene Schulden zu tilgen.) Es folgten einige weitere Aufführungen, offenbar mit Erfolg. Allerdings störte die Länge des Stückes, daher überlegte man im Einverständnis mit Wagner, die Oper auf zwei Abende zu verteilen: »Rienzis Größe« (= der erste und zweite Akt) und »Rienzis Fall« (= dritter bis fünfter Akt), doch das kam beim Publikum nicht an. Bei der zweiten Serie von Aufführungen im Juni 1843 wurde die Oper wieder an einem Abend gegeben. Sie wurde dann im Lauf der nächsten Jahre mehrfach nachgespielt, so 1847 in Berlin, 1858 in Dresden, jeweils mit neuen Strichen, Änderungen, Umstellungen, zum Teil von Wagner sanktioniert, zum Teil von fremder Hand. Man kennt heute – nun ja, es gibt Schlimmeres – die eigentliche Urform des »Rienzi« nicht mehr, denn es existieren nur gekürzte, geänderte Fassungen, nicht miteinander übereinstimmendes Aufführungsmaterial usw. Die Handschrift des »Rienzi«, die nie in Faksimile reproduziert, nie vollständig im Druck veröffentlicht wurde, ist verschwunden. 1939 kaufte ein Gremium deutscher Industrieller (u. a. Krupp) das Manuskript für siebenhundertfünfzigtausend Mark von der Familie Wagner und schenkte es, aus Dankbarkeit für die von ihm ermöglichten Gewinne aus der Rüstung, Hitler zum fünfzigsten Geburtstag. Bei der Übergabe des Geschenkes sei Hitler, so heißt es, überglücklich gewesen, habe in der Handschrift geblättert und begeistert auf einzelne Stellen hingewiesen, woraus zu entnehmen gewesen sei, wie gut Hitler das Werk kannte. Das dürfte sogar stimmen, denn in völliger Verkennung der historischen Tatsachen hat sich Hitler (wie früher König Ludwig II. mit der Figur des Lohengrin) mit der Figur des Rienzi identifiziert – nicht ganz zu Unrecht allerdings wieder insofern, als beide dem Größenwahn verfielen.

Hitler behielt die Partitur bei sich in der Reichskanzlei, und bei Kriegsende verschwand sie. Möglicherweise ist sie bei der Bombardierung und dem Beschuß der Reichskanzlei untergegangen. Eine Zeitlang hat man vermutet, daß die Russen sie – mit der »Beutekunst« – verschleppt hätten, das scheint jedoch tatsächlich nicht der Fall gewesen zu sein.

Es gab allerdings auch einen von der SS ganz zuletzt unternommenen Transport einiger Kisten mit Hitlers persönlichem Eigentum aus dem belagerten Berlin. Die Spur dieser Kisten verliert sich in Südtirol. Was in den Kisten genau war, weiß man nicht. Auch der »Rienzi«-Autograph? Vielleicht sitzt heute ein begeisterter Wagnerianer nächtens über dieser Handschrift und blättert begeistert darin und murmelt wie Fafner in der ersten Szene des zweiten Aktes in »Siegfried«: »Ich lieg und besitz ...«

*

Das Wertvollste in Wagners Koffer bei seiner Rückkehr von Paris nach Deutschland war die eben fertiggestellte Partitur des »Fliegenden Holländer«. Als er auf dieser Reise an der Wartburg vorbeikam, ergriff ihn erneut die Begeisterung für den »Tannhäuser«-Stoff, mit dem er sich – davon später – schon in den letzten Monaten in Paris beschäftigt hatte. Schon vorher, 1841, ließen die Lektüre atheistischer, dem Christentum kritisch gegenüberstehender Schriften Feuerbachs und Proudhons die ersten Ideen zum »Ring« in ihm keimen. Wagner war also zur Zeit der Uraufführung des »Rienzi« längst über diesen hinausgewachsen, und so erstaunt es nicht, daß er ihn abschätzig als »Schreihals« bezeichnete und das Interesse an diesem Werk verlor.

Es gab, nach Wagners Tod, einige Wiederbelebungsversuche, Rettungsbemühungen durch Kürzungen in handlichere Form usw., sogar durch Cosima, die dabei freilich nicht an eine Aufführung auf dem Hügel dachte. Die Bemühungen waren und sind bis heute nicht sehr erfolgreich geblieben, so daß dieses in seiner Art herrliche, jugendfrische, melodienglühende Werk nicht eigentlich ins Repertoire gelangte. Schade, es ist guter Rossini, gemischt mit bestem Meyerbeer. Es gibt Wagnerianer abseitiger Sorte, die halten den »Rienzi« für das gelungenste Werk des Meisters. Ich widerspreche nicht geradezu vehement.

III.
Der Fliegende Holländer – »Steuermann, halt die Wacht!«

Daß eine der Anregungen für den »Fliegenden Holländer« von den Erlebnissen Wagners auf der stürmischen Seereise des Jahres 1839 ausging, wurde schon erwähnt. Eine der unfreiwilligen Zwischenstationen dieser Fahrt war der Hafen des kleinen Fischerdorfes Sandvika nahe Arendal in Südnorwegen, den die »Thetis« wegen des Orkans im Skagerrak anlief: Wagners erster und einziger Aufenthalt am Schauplatz seiner späteren Oper. Dieser Aufenthalt dürfte auch der Grund gewesen sein, daß Wagner die Szene von der Küste Schottlands, wo die Geschichte ursprünglich angesiedelt war (auch die zugrundeliegende Legende), nach Norwegen verlegte.

Die hauptsächliche Anregung aber war der unvollendete Roman Heinrich Heines »Die Memoiren des Herrn von Schwabelewopski«, dessen Fragment 1833 veröffentlicht worden war. Die Sage vom »Fliegenden Holländer« ist in Heines Roman nur quasi nebenbei erwähnt. Heine läßt seinen Helden in Amsterdam ins Theater gehen, und dort wird an dem Abend eben die Tragödie »Der Fliegende Holländer« gespielt. Heines Herr von Schwabelewopski erlebt nur die erste Hälfte des Dramas und beschreibt sie. Es ist die auch bei Wagner vorhandene Ausgangssituation: der Kapitän, der wegen des Fluches, dem Sturm am Kap Hoorn (oder nach anderer Version: am Kap der Guten Hoffnung) zu trotzen, »und wenn er auch bis zum Jüngsten Tag segeln müsse«, dazu verdammt wurde, ruhelos, als »Ewiger Jude des Meeres« durch die Weltmeere zu segeln. Es ist ihm gestattet, alle sieben Jahre an Land zu gehen, um zu versuchen, eine Frau zu finden, die ihm treu ist. Ist sie ihm treu bis zum Tod, ist er erlöst. Bisher, so das Drama, das Schwabelewopski sieht, hat er noch keine gefunden. Jetzt sind wieder sieben Jahre um, der »Holländer« findet an der Küste Schottlands eine junge Frau, Catharina, er bietet dem Vater des Mädchens reiche Schätze (dies alles hat Wagner übernommen), bekommt die Einwilligung des Vaters zur Heirat. Auch die ahnungsvolle Neigung der Catharina, die bei Wagner zur Senta wurde, hervorgerufen durch ein altes Bild, ist bei Heine vorgeformt. Nach der Exposition verläßt Schwabelewopski den Zuschauerraum, weil er in einer Loge eine schöne junge Holländerin sieht, mit der er ein kurzes, aber intensives Abenteuer erlebt, das Heine, also Schwabelewopski, aus Gründen der Sittlichkeit nicht schildert, nur soviel, daß ein Sofa dabei eine Rolle spielt. Danach kehrt Schwabelewopski in das Parterre zurück und erlebt gerade noch den Schluß des Stückes: Der edle Holländer will der geliebten Catharina nicht zumuten, sein hartes Leben zu teilen, und segelt ab. Catharina ruft ihm nach, daß sie ihre Treue bis in den Tod nunmehr beweise, und sie stürzt sich von der Klippe. Tatsächlich ist der Fluch gelöst, das gespenstische Schiff versinkt »im Abgrund des Meeres«.

»Die Moral des Stückes ist für die Frauen«, schreibt Heine dann, »daß sie sich in Acht nehmen müssen, keinen fliegenden Holländer zu heurathen; und wir Männer ersehen aus diesem Stücke, wie wir durch die Weiber, im günstigsten Falle, zu Grunde gehn.«

❋

Heines Schwabelewopski nennt keinen Verfasser des Stükkes, das er da in Amsterdam – zum Teil – sieht. Es ist allerdings zu vermuten, daß Heine ein Theaterstück meint, das er höchstwahrscheinlich zwar nicht in Amsterdam, aber in London gesehen hat: die 1826 uraufgeführte und seitdem oft (auch in deutscher Übersetzung) gespielte Schauerschmonzette »The Flying Dutchman; Or The Phantom Ship« von Edward Fitzballs. Dieses Zauber-, Schauer- und Rührstück behandelte den – nicht sehr alten – Sagenstoff vom verfluchten Kapitän, der für seine Hybris bestraft wird. Die Gestalt hatte einen historischen Kern in einem holländischen Kapitän Van der Decken oder Vanderdecken. Fitzballs' Drama hat eine weit komplizierte Handlung, so ist sein fliegender Holländer eine böse Teufelsfigur, die mit einer Meerhexe im Bund ist, um die Frauen an Land zu verderben. Erst Heine hat in seinem, d. h. Schwabelewopskis, Bericht das Erlösungsmotiv in die Geschichte gebracht. Bei Wagner dann dreht sich alles um dieses Motiv, und so ist der »Fliegende Holländer« das erste Werk Wagners, das von der »Erlösung« handelt, was immer darunter zu verstehen ist, was immer Wagner darunter verstand. Bis zu seinem Lebensende kreisten Wagners Opernhandlungen (mit Ausnahme der »Meistersinger«) um diese »Erlösung«, ließ ihn offenbar dieser Gedanke nicht los bis zur letzten Zeile seines letzten Werkes, buchstäblich, denn die lautet: »Erlösung dem Erlöser!«, wovon noch ausführlich die Rede sein muß.

War diese »Erlösung« nur ein dramatischer Topos für Richard Wagner? War es eine Philosophie, fühlte er sich, glaubte er die Menschheit unerlöst? Er hat, soviel er auch geschrieben hat, und er hat außer seiner Musik fast noch mehr Traktate, Essays, auch Novellen, Erzählungen, Feuilletons, Predigten geschrieben, tonnenweise, hat man das Gefühl, alle ziemlich unverdaulich, doch was er unter »Erlösung« im wesentlichen verstand, wer wovon erlöst werden soll, hat er nicht geschrieben. »Deutsch sein heißt«, hat er gesagt, »eine Sache um ihrer selbst willen zu tun.« Erlösung um ihrer selbst willen? Nur so? Erlösung an *sich*? Alles dunkel. Vieles, vieles ist dunkel bei Wagner. Er wollte es so – der alte Munkler. Daß Wagners »Erlösung« nicht christlich gemeint war, ist klar, und auch davon wird noch die Rede sein. Wem jedoch der völlig unerlöste »Barbier von Sevilla« zum Beispiel lieber ist, der weiß, wovon er erlöst ist, wenn er nach sieben Stunden aus dem »Parsifal« wankt.

*

Über die erstaunlich kurze Entstehungszeit der Partitur des »Fliegenden Holländer« wurde schon berichtet. Als der »Rienzi« im Oktober 1842 uraufgeführt wurde, lag der »Fliegende Holländer« schon fertig vor, und nicht nur das, Wagner arbeitete bereits am Text des »Tannhäuser«. Die Uraufführung des »Fliegenden Holländer« fand unter Wagners Leitung am 2. Januar 1843 in Dresden statt. Nur für die Sängerin der Senta, Wilhelmine Schröder-Devrient, war die Aufführung ein Erfolg, für das Werk nicht. Es folgten nur vier Vorstellungen, dann wurde es abgesetzt. Erst in den fünfziger Jahren gelangte die Oper langsam ins Repertoire, und selbst Cosima überlegte offenbar lange, ob dieses Werk des Meisters auch nur als Jugendsünde zu betrachten oder aber würdig sei, dem Kranz der Werke für den Hügel eingeflochten zu werden. Erst, wie erwähnt, für die Festspiele 1901 entschied sie sich, den »Fliegenden Holländer« in Bayreuth aufzuführen.

*

Wagner hielt sich, selbstverständlich unter Aussparung aller Frivolitäten, an die von Heine gefilterte Vorlage des englischen Schauerstücks, nur den Schluß änderte er ab. Heine läßt seinen Schwabelewopski erzählen, der Holländer habe die Braut verlassen, nicht weil er an ihrer Treue gezweifelt habe, sondern weil er ihr nicht zumuten habe wollen, das unstete Leben auf dem Meer zu teilen. Es mag bezeichnend sein, daß Wagner, zeit seines Lebens exemplarisch untreu als Ehemann, auch von zweifelhafter Treue manchem Freund gegenüber (Hans von Bülow!), die weibliche Treue von vornherein anzweifelt. (Ebenso die weibliche Standfestigkeit, wie sich im »Lohengrin« zeigen wird.) Es ist eigentlich gar nicht klar und ganz schlecht motiviert, warum der Holländer bei Wagner seine Senta sitzenläßt. Die musikalisch fulminante Schlußszene täuscht über diesen Bruch der Handlung hinweg, liest man den Text jedoch genau, wird einem das Verhalten des Holländers unverständlich.

Es ist alles klar zwischen ihm und Senta: die Liebe ist erklärt, die Heirat beschlossen, Daland, der Vater der Braut, hat freudig eingewilligt. Der Schluß des zweiten Aktes:

»DALAND *(zum Holländer):*
Ich denk, ihr habt nach Herzenswunsch gefreit?
Senta, mein Kind, sag, bist auch du bereit?

SENTA *(mit feierlicher Entschlossenheit):*
   Hier meine Hand! Und ohne Reu'
   bis in den Tod gelob ich Treu'!
HOLLÄNDER:
   Sie reicht die Hand! Gesprochen sei
   Hohn, Hölle, dir durch ihre Treu'!«

Doch da ist noch Erik, der Jäger, der sich Hoffnung auf Sentas Hand gemacht hat. Er taucht im dritten Akt auf und macht Senta Vorwürfe, daß sie *ihm* die Treue gebrochen habe.

»SENTA *(heftig, wie erschrocken):*
   Wie? Ew'ge Treue hätt ich dir gelobt?«

Rührselig wiederholt nun Erik seine Vorwürfe. Diese völlig unverfängliche Szene zwischen den beiden beobachtet der Holländer und schreit sofort:

»HOLLÄNDER:
   Verloren! Ach! Verloren! Ewig verlor'nes Heil!«
Und:
   »Um deine Treue ist's getan! ...«
Und:
   »Ich zweifl' an dir! Ich zweifl' an Gott!
   Dahin! Dahin ist alle Treu!« und so fort.

Er schreit das, ohne zu fragen, *was* Senta mit Erik geredet hat. Hätte er gefragt, hätte er erfahren, daß sie eben gerade seinetwegen dem Erik den Laufpaß gegeben hat. Nur halbherzig klebt er hinterher die andere Begründung hintendran, daß er angeblich nur befürchte, Senta könne das

Geschick an seiner Seite nicht aushalten, kratzt grad noch die Kurve zum Edelmut. Dramaturgisch höchst unbefriedigend.

Dies zeigt, worauf noch mehrmals zurückzukommen sein wird, daß Wagner ein Erfinder großartiger Einzelszenen war, aber ein ungeschickter und sorgloser Dramatiker. Vielleicht hat Nietzsche das gemeint, als er ihn einen bloßen Schauspieler nannte.

IV.
Tannhäuser – »O du, mein holder Abendstern ...«

Es waren mehrmals optische Eindrücke bei Wagner, die in ihm die Idee zu einem großen Werk auslösten, so wenigstens, wenn man seinen eigenen Mitteilungen glauben darf. (Das ist nicht immer der Fall, und damit steht Wagner nicht allein. Ich sage gern, man dürfe historische Memoiren-Literatur nicht zu hoch auf die Regale stellen, zum Beispiel Bismarcks »Gedanken und Erinnerungen« oder gar Adenauers Autobiographie, weil sich nämlich die Balken biegen.) Der Anblick der Burg Gößweinstein zwischen Nürnberg und Bayreuth inspirierte ihn zur Gralsburg im »Parsifal« oder verfestigte zumindest seine musikalischen Gedanken, die »Assunta« von Tizian (damals nicht in der Frari-Kirche, sondern im Museum der Accademia) ließ in ihm den Plan zum »Tristan« reifen, und als er mit Minna aus Paris nach Deutschland zurückkehrte, verfiel er nicht nur in patriotische Begeisterung, als er zum ersten Mal den »deutschen Rhein« sah, sondern faßte auch, wie schon erwähnt, beim Anblick der Wartburg den Entschluß zum »Tannhäuser«, wobei er kurzerhand einen nahe gelegenen, sozusagen unschuldigen Hügel zum »Venusberg« erklärte. (Der »Hirselberg« der Sage liegt weiter östlich.)

Im »Tannhäuser« hat Wagner wieder überdeutlich den für ihn offensichtlich zentralen Gedanken der Erlösung gestaltet, und außerdem tritt hier das erste Mal ebenso überdeutlich das auf, was ich das Verlassen der dramatischen Zentralperspektive nenne. Davon später mehr.

Wagner hat in der Handlung dieser Oper »Tannhäuser und der Sängerkrieg auf Wartburg. Große romantische Oper in drei Akten« (so der sozusagen offizielle Titel) zwei voneinander unabhängige Überlieferungsstränge – sehr geschickt und wirkungsvoll – verknüpft: die Sage vom Sänger Tannhäuser und die Legende vom »Sängerkrieg« auf der thüringischen Wartburg. »Sängerkriege«, das heißt: künstlerische, musikalisch-literarische Wettstreite, hat es gegeben, vielleicht auch auf der Wartburg, eine der Residenzen der im Mittelalter zeitweilig mächtigen Landgrafen von Thüringen, von denen mehrere Hermann geheißen haben. In der Nichte Elisabeth bei Wagner findet sich wohl eine Andeutung an die heilige Elisabeth von Thüringen, die – historisch – allerdings keine Nichte, sondern eine geborene Prinzessin von Ungarn, die Ehefrau eines thüringischen Landgrafen war. Wie immer hat Wagner christliche Konnotationen nur sehr verhalten eingeführt. Man hat den Eindruck, der alte Heide Wagner hat solcherlei dazugebacken, um auch den Frommen etwas zu bieten.

Ein »Sängerkrieg«, wie ihn Wagner schildert, der dazu sogar eine relativ genaue Zeitangabe macht (»zu Anfang des 13. Jahrhunderts«), ist unhistorisch, doch die Legende davon ist alt. Ein mittelhochdeutsches Gedicht von ca. 1260 (der Verfasser ist unbekannt) berichtet davon. Im Mittelpunkt steht die Figur des Heinrich von Ofterdingen oder Afterdingen, eine Sagengestalt, die später Novalis romantisch aufgearbeitet hat. Die ursprüngliche Geschichte ist wirr, überlagert von Zaubereien, die ein Meister Klingsor aus Ungarn betreibt – nur entfernt verwandt mit dem Klingsor aus dem »Parsifal« –, und alles in allem geht es darum, welcher Fürst besser besungen wird: der Landgraf von Thüringen oder der Herzog von Österreich. Immerhin tauchen dabei die historisch faßbaren Figuren Walther von der Vogelweide, Wolfram von Eschenbach, Reinmar von Zweter und Biterolf auf, die Wagner dann alle verwendet hat.

Unabhängig davon ist die »Tannhäuser«-Überlieferung. Zwar urkundlich nicht belegt, aber durch einige erhaltene Lieder bezeugt, ist ein adeliger Minnesänger aus dem bayrischen Geschlecht derer von Tannhausen, der ein ziemlich bewegtes Leben geführt haben muß und dessen Gedichte hocherotisch sind. Es ist wohl so, daß dies zur Tannhäuser-Legende geführt hat, die erstmals 1515 nachweisbar ist. Darin ist schon der Konflikt des Sängers mit Venus enthalten, seine Flucht vor ihr, die mißlungene Bußfertigkeit beim Papst und die Sache mit dem grünenden Bischofsstab. In diesem Lied kommt das Grünen allerdings zu spät, Tannhäuser kehrt zur Venus zurück. Vielleicht ist es dort eh angenehmer, und der Sänger kann den Papst Papst sein lassen. Lokalisiert wurde das Ganze in jenem schon erwähnten Hirselberg, eigentlich Hörselgebirge, einem Höhenzug in Thüringen an der Hörsel, und dort ist die sagenumwobene Hörselhöhle, aus der leises, wenngleich furchterregendes Wispern dringt. Es sind, wie erst im 19. Jahrhundert ein kühner Höhlenforscher festgestellt hat, Myriaden von kleinen Fliegen, die in der Höhle akustisch verstärkt dieses Geräusch erzeugen.

Ein Germanist namens C. T. L. Lucas schrieb eine 1838 gedruckte Abhandlung »Der Krieg von Wartburg«, in der er behauptete, der Ofterdingen des »Sängerkrieges« und der Tannhäuser der anderen Sage seien identisch. So verblieb dem bisher vornamenlosen Tannhäuser das »Heinrich«. Diese Abhandlung hat Wagner 1842 gelesen, außerdem hat er die seit ca. 1800 entstandenen romantischen Aufbereitungen der Sagen gekannt: den erwähnten »Ofterdingen« von Novalis und die Arbeiten von Tieck, Bechstein und vor allem von dem von Wagner geschätzten E. T. A. Hoffmann (»Der Kampf der Sänger«, 1819), nicht zu vergessen Heinrich Heine, dessen »Elementargeister« (1837 erschienen) eine ausführliche Schilderung der Tannhäuser-Legende bringt – ohne Wartburg und Sängerkrieg. Heine fügt seiner Geschichte ein Gedicht an, von dem er behauptet, es sei alt und anonym überliefert; es ist jedoch selbstverständlich von Heine. Er ironisiert darin die Geschichte, und es enthält, dies als Beispiel, den schönen Vers, in dem Tannhäuser nach seiner Rückkehr zur Venus sagt:

»Auf sieben Hügel ist Rom gebaut,
Die Tiber thut dorten fließen;
Auch hab' ich in Rom den Pabst gesehn,
Der Pabst er läßt dich grüßen.«

Von der Ironie Heines hat Wagner nichts in sein Libretto übernommen. Er blieb da ganz moralisch. Doch war er nicht ohne Witz und ohne Sinn für Ironie, im Gegenteil. Sein Hang zu – sogar schlechten – Witzen ist überliefert und manifestierte sich manchmal in Briefen, wie in dem an Nietzsche, den er, an »Parsifal« schreibend, mit »R. Wagner, Oberkirchenrath« unterzeichnete. Aus seinem Werk jedoch hielt Wagner mit ganz wenigen Ausnahmen in den »Meistersingern« und im »Siegfried« jeden Unernst heraus, da kennt er keine Lustigkeit, sowenig wie er anderseits seinen Antisemitismus, sowenig wie er christliche Inhalte in zu direkter Form einbringt. Man hat das Gefühl, er will keinen Teil des möglichen künftigen Publikums verprellen. Er will, daß *alle* in seine Opern rennen.

Keines seiner Werke hat Wagner so oft umgearbeitet wie den »Tannhäuser«, und noch 1877, das geht aus Cosimas Tagebüchern hervor, trug er sich mit einer endgültigen Umarbeitung, zu der es freilich nicht mehr kam. In bezeichnender Eigeneinschätzung sagte Wagner: »Ich schulde der Welt noch den (gemeint: bereinigten) ›Tannhäuser‹.« Ich für meine Person erlasse ihm diese Schuld. Mir reicht der vorhandene.

Die erste Fassung schrieb Wagner in der Zeit von Sommer 1843 bis Oktober 1845. Die Uraufführung fand am 19. Oktober 1845 im Königlich Sächsischen Hoftheater in Dresden statt. Sie war ein Mißerfolg, worauf Wagner sich sofort zur Umarbeitung, vor allem zur Neufassung des Schlusses entschloß. Ursprünglich fehlten das Auftauchen der Venus und der Bericht vom grünenden Papst-Stab. Tatsächlich war dann die zweite Fassung erfolgreich, es folgten eine Serie von Aufführungen und bald weitere in verschiedenen deutschen Städten. »Tannhäuser« wurde ein Renner.

Und: Wagner bekam keinen Pfennig davon. Tantiemen gab es nicht. Es ist ungerecht, Wagners Schuldenmacherei zu verurteilen. Zu verurteilen ist die nicht kunstfeindliche, aber künstlerfeindliche Situation im Theaterbetrieb. Als Wagner an einem der – wieder einmal – finanziellen Tiefpunkte seiner früheren Jahre auf der Flucht vor den Gläubigern aus Wien durch München kam, ging er klein, häßlich und regennaß am Hoftheater vorbei. Die Lichter dort glänzten, das geschmückte Publikum strömte ins Warme, nahm auf weichen Sesseln Platz. Was wurde gegeben? »Tannhäuser« – vor vollem Haus. Wagner bekam nicht einmal eine Freikarte. (Was er nicht wußte: Der junge König Ludwig suchte ihn verzweifelt, wollte ihm Geld und Huld zu Füßen legen ... Wagner hätte nur nebenan an das Tor der Residenz zu klopfen brauchen ...)

Die tiefstgreifende Umarbeitung erfolgte dann für die 1860 von Kaiser Napoleon III. befohlene Aufführung in Paris, was vor allem den ersten Akt betraf, für den Wagner die raumgreifende Venusbergszene schuf mit der seiner Meinung nach den französischen Geschmack treffenden Pantomime. Später – nach der obenzitierten Stelle in Cosimas Tagebüchern aus dem Jahr 1877 – fand Wagner die Venusszene als unproportional, als zu lang. Cosima widersprach, verteidigte die Szene als günstigen Gegensatz zum zweiten Akt. Wagner aber – so Cosima – hielt diesen 1860/61 dazukomponierten Teil als »über den Stil des ›Tannhäuser‹ hinausgehend«, womit er recht hatte. Über den Geschmack der schwülstigen Pseudo-Antike des Inhalts der Pantomime läßt sich streiten, die Musik ist sicher im Wagnerschen Sinn *moderner* als der übrige »Tannhäuser« und verrät, daß er da bereits am »Tristan« schrieb.

Die Aufführung in Paris, in der Grand Opéra, fand am 18. März 1861 statt. Sie stand unter keinem guten Stern, und der Skandal um sie ist viel beredet worden. Es heißt, das Pariser Publikum, die *Habitués* des *Jockey-Clubs*, hätte das übliche und gewohnte Ballett im dritten Akt vermißt, das viel zu Artifizielle im Venusberg wäre zu wenig gewesen. Das dürfte nur zum Teil der Grund gewesen sein. Der Hauptgrund war wohl politischer Natur. Die deutschfranzösischen Spannungen, die wenige Jahre später zum Krieg von 1870/71 führen sollten, waren schon überdeutlich. Einem noch dazu so betont deutschen Komponisten wehte der Wind ins Gesicht. Dann störte die öffentliche

Meinung, daß die Fürstin Pauline Metternich, die Frau des österreichischen Botschafters, die Aufführung bei Napoleon III. durchgesetzt hatte, der seinerseits bei den legitimistisch-königstreuen Adeligen wie bei den republikanischen Kreisen zunehmend unbeliebt war. Daß am Pult noch dazu ein unfähiger Dirigent stand, war dann nur mehr der Tropfen, der das Faß zum Überlaufen brachte: Pierre-Louis Dietsch, ebenjener, dem Wagner genau zwanzig Jahre zuvor das Libretto zum »Fliegenden Holländer« verkauft hatte, dirigierte, ganz unglaublich, nicht aus der Partitur, sondern aus der Violinstimme.

Der *Jockey-Club* hatte sich mit Jagdpfeifen und Lärminstrumenten ausgestattet und unterbrach immer wieder die Aufführung. Nur mit Mühe konnte die Oper zu Ende gespielt werden. Bei der ersten Wiederholung war es fast noch schlimmer, obwohl (oder weil?) sich der Kaiser demonstrativ in seine Loge begeben hatte. Noch vor der dritten Aufführung reiste Wagner ab.

(Der Text war ins Französische übersetzt worden, woran außer Wagner selbst nicht weniger als fünf Literaten gearbeitet haben.)

*

Ich erzähle hier beim »Tannhäuser« (wie schon bei den vorangegangenen Opern, und wie ich es im folgenden halten werde) die Handlung nicht, denn dies ist ein Büchlein für »Fortgeschrittene« in puncto Wagner, von denen ich erwarte, daß sie den Inhalt kennen. Abgesehen davon kann man ihn in einem Opernführer nachlesen.

Schon im »Fliegenden Holländer« ist zu bemerken, daß Wagner das, was ich die dramatische Zentralperspektive nenne, verläßt, das heißt, er räumt der Über- oder Außerwirklichkeit die gleiche Bühnenrealität ein wie der Wirklichkeit. So handeln die »Irrealen« (Götter, Dämonen, Gespenster, Symbolgestalten) immer wie Menschen, haben menschliche Dimensionen, obwohl eigentlich außermenschlich. Sie sind immer mit menschlich-psychologischem Hintergrund gezeichnet, sie handeln, irren, sind glücklich oder (meist) leidend, häufig schuldlos-schuldig usw. (Das macht, nebenbei gesagt, die Darstellung der Götter im »Ring« so problematisch. Ich kenne keine Inszenierung, in der sie nicht wie geschrumpfte Zwerg-Dämonen wirken.) Anders und kürzer ausgedrückt: Der Holländer im »Holländer« ist so real, menschlich und lebendig wie Daland und Erik, und wäre die Sache gut ausgegangen, hätte er mit Senta Kinder gezeugt. Dieses Halbgöttische in den betreffenden Figuren ist zutiefst unchristlich, weil mit keiner wie immer gearteten christlichen Glaubenslehre in ihrem Monotheismus vereinbar, ist also heidnisch.

Noch klarer wird die Sache beim »Tannhäuser«. Hier stehen Venus und Elisabeth als dramatische Figuren auf der gleichen Realitätsebene. Die Venus ist weder ein Traum noch eine Wahnvorstellung Tannhäusers. Das geht letzten Endes auch daraus hervor, daß auch Wolfram (im dritten Akt) sie wahrnimmt. Die halbherzige moralische Verurteilung der Venuswelt durch Wagner, die ihm keiner glaubt, der die jeweilige Musik genau hört, bleibe außer Betracht. Indirekt also stehen damit im Verfolg des Dramas auch Venus, die Muttergottes, Elisabeth und z. B. der Papst auf *einer* Stufe der Bühnenwirklichkeit. Wagner hat hier die dramatische Zentralperspektive aufgegeben zugunsten *zweier* Realitätsfluchtpunkte: der heidnischen und der christlichen Welt. Die eine, die heidnische, ist unmoralisch, die andere, christliche, ist moralisch. Es ist sehr schwierig und immer nur subjektiv unterfüttert, wenn man solche Dinge wie moralische Standpunkte aus dem informationsschwachen Medium Musik heraus beweisen will, doch ich meine, daß der Vergleich der musikalischen Qualität des Pilgerchores mit der der Venusbergmusik (selbst der der ersten Fassung) darauf schließen läßt, wo Wagners Herz schlug.

Nestroy kann man vielleicht nachahmen, was wohl meist kaum befriedigend gelingen wird, *parodieren* kann man ihn nicht, so wenig wie etwa auch Heinrich Heine, Carlo Goldoni oder Jacques Offenbach. Liegt das daran, daß sich solche geistesgeschichtlichen Kaliber durch den Panzer von Humor und Ironie davor geschützt haben? Erhabenes, Großseelisches, gar Pathetisches dagegen liegt ungeschützt vor der Parodie da, und die Parodie macht gern Gebrauch davon. Je ausgeprägter der Stil ist, gar wenn er zur Marotte wird, wie bei Wagner der Gebrauch des (von ihm falsch verstandenen) Stabreims, bietet dies einladende Angriffsflächen für Parodien. Thomas Manns eingleisigen Stil kann man parodieren, Brecht schon schwerer, Fontane kaum noch. Parodie ist aber immer auch eine heimliche Liebeserklärung an das Opfer, und zumindest ist sie ein Wertmaßstab. Nur was der Parodie wert ist, wird parodiert. Kein Mensch käme wohl auf den Gedanken, Paul Heyse, zum Beispiel, oder Friedrich Rückert zu parodieren. Die Parodien Wagners, angefangen von Witzen über Einzelheiten (der Darsteller des Wotan zu Erda, leise: »Was für Eier möchtest du zum Frühstück?« Erda, laut: »Weiche, Wotan! Weiche ...«) bis zu ganzen Theaterstücken sind Legion. (»Ich selber exkludier' mich nicht«, um mit dem Ochs von Lerchenau zu reden.) Wagner wäre nicht böse darüber. Gibt es einen Himmel, sitzt Wagner dort und liest wohl lieber »Der Ring, der nie gelungen« von Paul Gisbert, geschrieben kurz nach 1876, als etwa »Die Naturphilosophie R. Wagners und ihre Weiterführung mit Schopenhauer« von W. Seelig. Aus Gisberts Parodie soll wenigstens eine geniale Regiebemerkung zitiert werden: Am Ende des Vorspiels »Mein, dein, sein Gold« steht: »Vorhang fällt vor Entsetzen, sprachlos.«

Es gibt Wagner-Parodien von Fritz Mauthner, von Friedrich Huch, sogar von dem sonst sauertöpfischen Hans Pfitzner, die genialsten freilich sind die beiden Parodien von Johann Nestroy, eine »Tannhäuser«- und eine (schwächere) »Lohengrin«-Parodie. In der ersteren sagt der Landgraf, nachdem Tannhäuser seinen Aufenthalt bei Venus gestanden hat:

»Im Venusberg vergaß er Ehr' und Pflicht? –
(*Beiseite*) Und ich, der Landgraf, komm' zu so was nicht!«

Doppelte Moral kann nicht schärfer beleuchtet werden, und nicht nur ich verdächtige Wagner solcher. Sein Leben bietet genug Anhaltspunkt dafür, daß ihm die flotte Venus heimlich lieber gewesen wäre als die fromme Elisabeth.

(Dieter Borchmeyer und Stephan Kohler haben – leider längst vergriffen – im Insel-Verlag einen mit einem Parodie, Travestie usw. erschöpfend behandelnden Nachwort versehenen Band »Wagner-Parodien« herausgegeben, der nicht nur deshalb lobend empfohlen sei, weil auch eine des dies hier schreibenden Autors darin enthalten ist, die »Burlesca teatrale leitmotivica: Don Tristano e Donna Isotta«.)

Dabei ist gerade bei Wagner das Original oft eine Parodie seiner selbst.

»*Landgraf, Ritter und Sänger:*
Entsetzlich! Scheußlich! Fluchenswert!
In seinem Blute netzt das Schwert!
Zum Höllenpfuhl zurückgesandt,
sei er gefemt, sei er gebannt!«

Oder der Gesang der älteren Pilger:
»Nun laß ich ruhn den Wanderstab,
weil Gott getreu ich gepilgert hab.«

Man fragt sich, warum Wagner nicht die leicht zu erzielende korrekte Formulierung gewählt hat:

»Nun leg den Wanderstab ich hin,
weil Gott getreu ich gepilgert bin.«

Bei längerem Nachdenken wird einem aber klar: Es sind das ja sächsische und thüringische Pilger, stammen aus Zeulenroda oder Hackpfüffel, und die sagen natürlich »jebilschert hab'«. Überhaupt erschließt sich die volle Schönheit Wagnerscher Texte dann, wenn man sie auf sächsisch vortragen läßt.

Ich kann mir den Kalauer nicht verkneifen: Warum pilgern die Sachsen (sächsisch: bilschern)? Weil es »bill'scher« ist als Zugfahren.

V.
LOHENGRIN – »NIE SOLLST DU MICH BEFRAGEN ...«

Der »Lohengrin« weist noch mehr herzerfrischende Stilblüten auf, davon aber später, erst der Ernst der Sache. Mit dem Stoff befaßte sich Wagner schon seit 1842. In der im Zusammenhang mit dem »Tannhäuser« genannten Abhandlung von C. T. L. Lucas »Über den Krieg von Wartburg« ist auch die Lohengrinsage erzählt. Sie hat zwei verschiedene Wurzeln. Da ist einmal der Sagenkreis um den »Schwanenritter«, in dem das alte Motiv der Verwandlung eines Menschen in ein Tier, in dem Fall einen Schwan, thematisiert wird, in manchen Fassungen der Sage dann, wenn eine verbotene Frage gestellt wird; diese Sage wurde im Mittelalter vielfach behandelt und gelegentlich mit Gottfried von Bouillon, dem Eroberer Jerusalems, oder auch mit den Sachsenkriegen Karls des Großen verknüpft. Manche Bearbeitungen lassen erkennen, daß man die Geschichte für historisch hielt, wie bei anderen Sagen auch. Davon unabhängig ist die wohl nicht dem germanischen, sondern dem keltischen Sagenkreis entstammende Lorangel- oder Loherangrin-Gestalt, die aus dem Legendenbereich um den sagenhaften »Gral« stammt. Erst Wolfram von Eschenbach hat in seinem »Parzifal« die beiden Überlieferungsstränge verbunden. Auf ihm beruht das »Lohengrin« betitelte Epos eines unbekannten Dichters vom Ende des 13. Jahrhunderts, das Görres 1813 herausgab und das Wagner kannte. In diesem Epos ist bereits alles enthalten, was in Wagners Oper eine Rolle spielt: der Zweikampf, das Frageverbot, die intrigante Gegenspielerin Elsas, der verzauberte Bruder und nicht zuletzt: der Schwan.

Der Text (als »das Gedicht« bezeichnete ihn Wagner) entstand in der zweiten Hälfte 1845; Ende des Jahres las ihn Wagner im kleinen Kreis seinen Freunden in Dresden vor. Bei dieser Vorlesung war auch Robert Schumann anwesend, der davon Mendelssohn brieflich berichtete. Das war alles um die Zeit der Uraufführung des »Tannhäuser«. Mit der Komposition begann Wagner im Frühjahr 1846, beendete sie im April 1848. Im Gegensatz zum »Tannhäuser« nahm Wagner – außer geringfügigen Kleinigkeiten – keine Änderungen am »Lohengrin« mehr vor. Die Uraufführung war für das Jahr 1849 an der Königlich Sächsischen Hofoper in Dresden geplant, war in der Zeitung schon angekündigt (»Wagners Oper ›Lohengrin‹ [wird] mit brillanter Ausstattung in Scene gehen ...«), fand aber so nicht statt, denn es kamen jene Ereignisse dazwischen, die des sechsunddreißigjährigen Kapellmeisters Leben wieder einmal aus der Bahn werfen sollten.

Auch im Königreich Sachsen brach 1848 die Revolution aus. Wagner stürzte sich mit dem ihm eigenen Feuer und Überschwang in die Politik. Daß seine »linke« Gesinnung, seine freiheitlichen, republikanischen Ideen echt waren, daran sind Zweifel nicht angebracht, auch wenn er später die Protektion eines Königs annahm, Fürsten schmeichelte und dem Adelstick seiner Frau Cosima zumindest nicht wehrte. Sympathisch an Wagners revolutionärer Aufregung war, daß er nicht die Gewalt predigte, obwohl er sonst durchaus nicht im Theoretischen blieb. Er verfaßte Manifeste und Gedichte, Aufrufe und Pamphlete. Der Revolutionär Röckel ist Wagners enger Freund, und als der russische Emigrant Bakunin nach Dresden kommt, Wagner ihn kennenlernt, tauchen förmlich anarchistische Züge in Wagners Schriften auf.

In diese Zeit fällt die erste Beschäftigung Wagners mit der Siegfriedsage, und diese zeitliche Verknüpfung läßt die Interpretation des »Rings«, der daraus letzten Endes entstand, als politisches Drama, als antikapitalistische Manifestation nicht ganz abwegig erscheinen und rechtfertigt vielleicht manche Deutung und Inszenierung, wenn etwa (im großartigen, im doppelten Sinn Jahrhundert-»Ring« von Patrice Chereau 1976) die Nibelungen-Höhle als frühkapitalistische Ausbeuter-Fabrik, Walhall als Krupp-Kontor dargestellt wird. Freilich hat Wagner, wie immer, seine innere Überzeugung, wenn sie denn dies war, nur ganz verhalten und nicht ausdrücklich, schon gar nicht wörtlich in sein Werk übernommen. –

Die Einzelheiten der turbulenten Jahre 1848/49, soweit die Turbulenzen Richard Wagner betreffen, sind vielfach dargestellt worden, und es darf wieder auf die genaue Schilderung etwa bei Gregor-Dellins Wagner-Biographie verwiesen werden. Nur soviel: Der König von Sachsen, Friedrich August II., rief unter Bruch der Verfassung preußische Truppen ins Land, was eine Revolution in den großen Städten, vor allem in Dresden, hervorrief, die in den ersten Maitagen 1849 mit Gewalt niedergeworfen wurde. Wagner, der aktiv und mit dem ihm eigenen Feuergeist auf seiten der Aufständischen stand, Flugblätter drucken ließ, diese verteilte, unter Lebensgefahr Kurierdienste versah, von der hohen Kuppel der Frauenkirche aus die feindlichen Truppen rekognoszierte – und nebenbei über eine Oper »Achilles« nachdachte –, mußte nach dem Zusammenbruch des Aufstandes fliehen, wurde steckbrieflich gesucht, irrte zunächst in Deutschland umher, zum Teil unter falschem Namen, fand kurze Zeit bei Liszt in Weimar Unterschlupf, dann bei Gönnern in Paris, zuletzt in der Schweiz. Und war wieder einmal, sechsunddreißig Jahre alt, an einem Tiefpunkt seiner Lebensmisere angelangt.

*

Alles hat zwei Seiten, und diese zwei Seiten passen oft nicht zusammen, auch auf den genaueren Blick nicht. Jener König Friedrich August II., der die Verfassung mißachtete, sich fremder Gewalt gegen die eigenen Untertanen bediente und die Zeichen der Zeit verkannte, war persönlich ein hochkultivierter Mann, verkehrte mit niemand Geringerem als Goethe, mit dem ihn seine ernsthaften botanischen Interessen verbanden, und schrieb ein bedeutendes wissenschaftliches Werk über die Fauna Marienbads. So wies auch Wagners Charakter vielleicht zwei, nein: sicher mehr als zwei Seiten auf, die einem unvereinbar erscheinen. But such is life.

Daß Wagner steckbrieflich, zum Glück vergeblich, gesucht wurde, hat der Nachwelt immerhin die einzige nachweisliche Nachricht von seiner Körpergröße übermittelt. Der Mann, der von Riesen, Helden und Übermenschen träumte und dichtete, war laut Steckbrief 1,66 m groß.

*

Die Aufführung des »Lohengrin« in Dresden war damit gestorben, Wagner für die Dresdner Oper eine Unperson geworden. Aber Liszt, der nach seinen unruhigen Virtuosenjahren in Weimar seßhaft geworden war und dort, nachdem Goethes »Goldenes Weimar« mit seinem Tod erloschen, das silberne Weimarer Zeitalter eröffnet hatte, gestützt auf seinen unbestrittenen Weltruhm, bewundert dafür, daß er nun seine Kraft dem musikalischen Leben einer kleinen Residenz widmete, und der jetzt in Wort und Schrift kraftvoll für Wagners Werk eintrat, führte den »Lohengrin« auf, dirigierte selbst am 28. August 1850 die Uraufführung. Brieflich gab Wagner einige Änderungswünsche durch, so den Strich vor der zweiten Strophe der Gralserzählung, was zweifellos die Stringenz des Schlusses förderte. Bis heute wird dieser Strich beibehalten.

Wagner, wie gesagt: steckbrieflich gesucht, durfte deutschen Boden nicht betreten, erlebte also die Uraufführung nicht mit. Er saß, heißt es, in einem Gasthof und hörte im Geist, seine Uhr in der Hand, die Aufführung Takt für Takt mit. Der Weltgeist leistet sich Kalauer, recht oft. Das Gasthaus hieß: »Zum Schwan«.

*

Wie viele Sagen enthalten auch die dem »Lohengrin« zugrundeliegenden einen – vermutlich – historischen Kern, in diesem Fall einerseits die Erinnerung an die Hunnen- und Ungarneinfälle im 5. bzw. 10. Jahrhundert, anderseits an die Sachsenkriege Karls des Großen und an die hartnäckige Haltung der alten Friesen, die das Recht zu haben glaubten, an ihren Göttern festhalten zu dürfen, die sie für auch nicht schlechter hielten als die drei christlichen. (Ich bitte, diese Bemerkung nicht als Blasphemie zu betrachten. Ich erlaube sie mir, weil mir einmal ein hoher katholischer Geistlicher, ich glaube, es wäre ihm nicht recht, wenn ich seinen Namen nennte, hinter vorgehaltener Hand gestand:

»Auch ich habe meine Schwierigkeiten, zum Beispiel mit dem Dogma von der Dreifaltigkeit.«) Noch im späten Mittelalter fanden sich Reste des altfriesischen Glaubens in den Iglus dort an der Waterkant. Nein, Iglus nicht, Katen. (Übrigens hielten es dann später manche Friesen genauso lang noch mit dem alten katholischen Glauben, nachdem alle anderen ringsum protestantisch geworden waren.)

Ich behaupte, daß die Figur der eher nur dunklen als bösen Ortrud, der Gegenspielerin der langweiligen Elsa, Wagner zumindest musikalisch mehr am Herzen lag, denn ihre Partie ist weit interessanter und enthält Passagen, die schon auf den »Tristan« vorausweisen. Im Text merkt Wagner den »heidnischen« Charakter der Ortrud und ihres Mannes deutlich an.

Im übrigen kann ich es mir nicht versagen, einige der hervorragenden Stilblüten aus dem daran besonders reichen »Lohengrin« mitzuteilen.

»Alle Männer sehr gerührt:
Bewahre uns des Himmels Huld,
daß klar wir sehen, wer hier schuld!«

(Dies vor dem Zweikampf Lohengrin/Telramund.)
Danach singt Lohengrin Elsa an:

»– willst du wohl ohne Bang und Grau'n
dich meinem Schutze anvertrau'n?«

Die Brabantischen Edlen betätigen sich Friedrich gegenüber als Wortschöpfer, um das Versmaß zu retten:

»Dein harret *Unsieg*, bittre Reu'!«

Friedrich motzt, nachdem er den Zweikampf verloren, seine daran unschuldige Frau an, wohl, weil er seine Wut an dem Nächsten auslassen will:

»O Weib, das in der Nacht ich vor mir seh –
betrügst du jetzt mich noch, dann weh dir! Weh!«

Die Edlen von Brabant singen, als Elsa erscheint, um in ihre Kemenate zu gehen:

»Sie naht, die Engelsgleiche,
von keuscher Glut entbrannt!
Heil dir, o Tugendreiche!
Heil Elsa von Brabant!«

Wobei man sich fragen muß, ist die Keuschheit Elsas glühend oder die Glut, wie immer man sich das denkt, keusch? Der Ortrud, die ihr den Weg vertritt, schleudert Elsa entgegen:

»Du Lästerin! Ruchlose Frau!
Hör, ob ich Antwort mir getrau!«

(Anmerkung: Die Rufzeichen sind original. Wagner ist nicht nur ein, er ist *der* Rufzeichendichter der deutschen Literatur – sofern seine Texte der Literatur zuzurechnen sind, was allerdings selbst noch im Literatur-Lexikon von Kindler geschieht.)

Wenn es nicht gesungen wird, klingt das wenig ritterlich, eher kleinbürgerlich verzagt, wenn Lohengrin sich von Elsa verabschiedet:

»Leb wohl! Leb wohl, mein süßes Weib!
Mein zürnt der Gral, wenn ich noch bleib!«

Und die reinste Perle Wagnerscher Reimkunst ist in ebendieser Szene kurz zuvor zu finden:

»*Die Männer:*
Seht, Elsa naht, die Tugendreiche!
Wie ist ihr Antlitz trüb und bleiche!«

Und man stelle sich das alles noch auf sächsisch vor …
Oder (nach der Gralserzählung) »Alle Männer und Frauen voll Staunen und in höchster Rührung:

Hör ich so seine höchste Art bewähren,
entbrennt mein Aug' in heil'gen Wonnezähren!«

Ganz zum Schluß wird vom sonst in seinen Texten so wortreichen Wagner die Vorgeschichte ganz kurz und schwer verständlich erklärt. Dazu muß man zunächst zurück in den ersten Akt. Dort klagt Telramund Elsa des Brudermordes an. Sie habe »lustwandelnd« ihren Bruder Gottfried, den Erben von Brabant, in den Wald geführt und sei ohne ihn zurückgekommen. Gottfried war offenbar noch ein Kind, der Vater der beiden, der Herzog von Brabant war verstorben, und das führte, wie aus einer Bemerkung König Heinrichs hervorgeht, zu Erbstreitigkeiten. Genaueres wird nicht berichtet, vielleicht ist Telramund so etwas wie ein Verweser des Herzogtums. Elsa, vom König zur Rechenschaft gezogen, verteidigt sich nicht, erzählt nichts davon, wie Gottfried verschwunden ist – sie müßte es ja wissen –, jammert nur so allgemein (allerdings in einer der schönsten Arien, die Wagner gelungen ist: »Einsam an trüben Tagen ...«) und ruft nur die übernatürlichen Mächte um Hilfe an, die unverzüglich den namenlosen Ritter schicken, der die Sache auch nicht aufklärt, sondern kurzerhand den Telramund niederschlägt, was als gottesgerichtlicher Freispruch für Elsa gilt.

In den letzten Reden wird – nicht ganz – klar, was mit Gottfried passiert ist. Der Gral hat ihn verschwinden lassen. Warum? Das wird nicht erklärt, auch nicht, was der Gral mit Gottfried vorgehabt hätte, wenn Elsa nicht um Hilfe gerufen hätte. Offenbar hat sich der Gral aber dann irgendwie anders besonnen, hat verfügt, daß Lohengrin mit Elsa eine – sowohl nach kanonischem wie nach deutschem Recht unmögliche – Ehe auf Zeit schließt, auf ein Jahr nämlich, in dem sie nicht fragen darf, wie das Rumpelstilzchen vulgo Lohengrin heißt. Ein Jahr hätte sie ihre, im Übrigen höchst verständliche Neugier zügeln müssen, dann wäre Gottfried von allein zurückgekehrt, vielmehr vom Gral zurückgeschickt worden.

Wenn man so die Schlußpassagen des »Lohengrin« liest, fragt man sich, warum hat Lohengrin um alles in der Welt der Elsa nicht gesagt: »Wart nur ein Jahr?«, und man erwehrt sich bei allem, was Lohengrin da sagt (d. h. singt), nicht des Gefühls, daß er nicht unfroh ist, der ganzen Geschichte zu entkommen.

Was wäre gewesen, wenn Elsa also nicht gefragt hätte, nachdem – ich dichte im Stile Wagners – ihr Lohengrin gesagt hat?

»LOHENGRIN:
Ein Jahr nur, Elsa, halt den Mund!
dann tu den Namen mein ich kund!
ELSA:
Ich schaff's, wenn's auch der Schwere volle!
nur sag, wie ich bis dort dich nennen solle?
LOHENGRIN:
Solang mein wahrer Nam' dir unbewußt,
du ›oh mein Purzelchen!‹ mich nennen mußt!«

*

Begründet wird das Frageverbot nicht, ohne das das ganze Drama nicht stattfände. Daß der Gral, von dem Lohengrin gesandt worden war, um die Unschuld zu schützen, nur im Verborgenen wirken dürfe, ist grad noch einzusehen. Lohengrins Name ist vielleicht als der des Gralskönigs Sohn allgemein und auch in Brabant zu geläufig, als daß sein Träger unerkannt wirken könne. Warum aber wählt der »Gral« dann den alles andere als dezenten Auftritt des Retters, der statt still aus dem Hintergrund zu erscheinen, coram publico auf einem sensationell von einem Schwan gezogenen Kahn daherschwimmt, so daß alle wissen: Da steckt irgend etwas Geheimnisvolles dahinter? Freilich – der Schwan ist bühnenwirksamer. Das ließ sich der Szeniker Wagner nicht entgehen, selbst nicht auf Kosten der dramatischen Logik.

Im Grunde genommen hat Wagner hier ein altes Sagenmotiv verwendet und in verkehrtem Sinn angewandt. Ein Gespenst, ein Poltergeist u. dgl. ist zum Verschwinden gezwungen, wenn man seinen Namen herausbekommt und ihn mit diesem Namen anredet. Lohengrin: ein Rumpelstilzchen.

Der Schwan ist, erfährt man zum Schluß, der verzauberte Bruder der Elsa. Erstens erscheint es mir herzlos, daß sich Lohengrin von dem ohnedies in einen Wasservogel verwandelten Buben aus Montsalvat, der Gralsburg in den Pyrenäen, die Garonne hinunter, die ganze Atlantikküste entlang, um die Bretagne herum und dann die Schelde aufwärts ziehen läßt ... Oder hat er sich nur publikumswirksam das letzte Stück ziehen lassen, ist vorher per Schiff gereist, den Schwan im Handgepäck?

Das Frageverbot hat aber auch einen alten Kern. Die Kenntnis des Namens seines Gegenübers verleiht einem eine gewisse Macht über ihn. Vollkommen geschützt vor Fluch und Lästerung ist nur der Namenlose. (»Ach wie gut, daß niemand weiß, daß ich Rumpelstilzchen heiß.«) In jüdischer Tradition hat jeder einen geheimen dritten Vornamen neben dem ersten offiziellen und dem zweiten familiären, den der Träger sorgsam verbergen muß, denn nur unter diesem Namen kann er wirksam verflucht werden.

*

Der Autor erlaubt sich nun im Anschluß an die Gedanken zum »Lohengrin« ein an dieser Stelle vielleicht passendes Kind seiner Laune einzufügen:

Neue Wege
Ein Gespräch über Opernregie

JOURNALIST: Herr Generalintendant, Sie haben in der Pressekonferenz zum Programm der nächsten Festwochen mit der Nachricht für Überraschung gesorgt, daß Sie den Objectkünstler Christoph Schlappenseich mit der Inszenierung des »Lohengrin« beauftragt haben.

GENERALINTENDANT: So ist es.

JOURNALIST: Es wurde berichtet, Herr Schlappenseich habe beim ersten Gespräch mit Ihnen darauf hingewiesen, daß ihm das Gebiet Oper fremd sei, daß er keine Oper von Wagner kenne, nur zwei Opern, nämlich »Fidelio« und »Die Unvollendete«, und die seien ja von Mozart.

GENERALINTENDANT: Ich habe ganz bewußt, um neue Wege zu gehen, eine Persönlichkeit für diese zentrale Produktion unserer Festwochen gewählt, die von jeglicher Routine frei ist.

JOURNALIST: Erwarten Sie, befürchten Sie keine Schwierigkeiten? Mit Sängern? Mit dem Dirigenten?

GENERALINTENDANT: Mit Sängern hat man als Regisseur immer Schwierigkeiten, ob man Routinier ist oder nicht. Und ob es mit dem Dirigenten Schwierigkeiten geben wird, wissen wir noch nicht, denn Herr Schlappenseich trägt sich mit dem Gedanken, selbst zu dirigieren.

JOURNALIST: Er kann aber, dem Vernehmen nach, nicht Noten lesen?

GENERALINTENDANT: Er hält das im Rahmen seines Regiekonzepts auch nicht für erforderlich.

JOURNALIST: Und wie ist das – wie stellt sich das – dieses Regiekonzept dar?

GENERALINTENDANT: Er sieht im »Lohengrin« eine Kritik des Neoliberalismus und der Globalisierung.

JOURNALIST: Das ist allerdings ... allerdings ist das, ist das ganz neu.

GENERALINTENDANT: Eben.

JOURNALIST: Herr Schlappenseich –

GENERALINTENDANT: Herr Schlappenseich wird sich in den nächsten Tagen eingehend mit dem –

JOURNALIST: – mit dem »Lohengrin«?

GENERALINTENDANT: Nein. Mit dem Neoliberalismus und der Globalisierung befassen.

JOURNALIST: Ich hätte gedacht, wenn er schon im »Lohengrin« einen Bezug zu Neoliberalismus und Globalisierung sieht, ist er wohl –

GENERALINTENDANT: Nein. Ist er nicht. Er wird erst Informationen einziehen. Bisher steht nur soviel fest, daß er dagegen ist.

JOURNALIST: Und wie, ich meine, in welcher Hinsicht sieht Herr Schlappenseich im »Lohengrin« einen Bezug zu Neoliberalismus und Globalisierung?

GENERALINTENDANT: Die Regie, meint Herr Schlappenseich, ist dazu da, Fragen zu stellen, und nicht Antworten zu geben.

JOURNALIST: Und wie wird sich die Kritik an Neoliberalismus und Globalisierung konkret äußern?

GENERALINTENDANT: Die Pilger werden in SS-Uniformen auftreten.

JOURNALIST: Wie bitte? Im »Lohengrin« kommen doch keine Pilger vor?

GENERALINTENDANT: Die übernimmt er aus dem »Tannhäuser«.

JOURNALIST: Geht das denn mit der Musik zusammen?

GENERALINTENDANT: Herr Schlappenseich sieht auch die Musik eher in Richtung von … wie soll ich sagen … Event-Charakter. Wir haben den weltbesten Virtuosen des Didgeridoo verpflichten können.

JOURNALIST: Des was?

GENERALINTENDANT: Wenn Sie ein Gespräch über Musiktheater führen wollen, hätten Sie sich vielleicht besser vorbereiten sollen. Didgeridoo. Das Musikinstrument der australischen Ureinwohner.

JOURNALIST: Treten die auch auf?

GENERALINTENDANT: Nicht persönlich. Aber der Chor in der Torero-Szene trägt Aborigines-Kostüme.

JOURNALIST: Torero-Szene? Herr Schlappenseich übernimmt auch aus »Carmen«?

GENERALINTENDANT: Und aus »Peterchens Mondfahrt«. Da mußte er als Kind hineingehen, und es war sein prägendes Erlebnis. Notabene! negativer Art. Seitdem hat er eine tiefe Abneigung gegen das Theater.

JOURNALIST: Und dennoch betrauen Sie ihn –

GENERALINTENDANT: *Gerade* deswegen. Wir müssen neue Wege in der Opernregie suchen.

JOURNALIST: Ich erlaube mir nur … Ich meine: Diese neuen Wege, die man seit einigen Jahrzehnten sucht, sind die nicht schon ziemlich ausgetreten? Wo es fast keine Operninszenierung ohne SS-Uniformen mehr gibt?

GENERALINTENDANT: Sie gestatten, daß ich auf solche Fragen nicht antworte.

JOURNALIST: Verzeihung.

GENERALINTENDANT: Bitte. Herr Schlappenseich sieht in der Figur des Telramund die einzig positive Gestalt in dem Stück. Daher besetzt er die Elsa, was nur logisch ist, mit einem Counter-Tenor.

JOURNALIST: Und Lohengrin?

GENERALINTENDANT: Schwimmt unter Wasser in einem großen Glasbehälter, der im zweiten Akt die Bühne beherrscht. Wir haben den Kostenvoranschlag schon vorliegen. Der Glasbehälter kostet dreihundertfünfzigtausend Euro, aber eine private Fernsehanstalt hat schon Interesse gezeigt und übernimmt die Kosten.

JOURNALIST: Und da singt, unter Wasser, Lohengrin die Gralserzählung?

GENERALINTENDANT: Die Gralserzählung singt nicht Lohengrin, sondern Ortrud, möglicherweise Herr Schlappenseich selbst. Das steht noch nicht fest.

JOURNALIST: Vielleicht könnte man die »Christl von der Post« noch einbauen, die die Gralserzählung singt?

GENERALINTENDANT: Soll das ein Witz sein?

JOURNALIST: Verzeihung.

GENERALINTENDANT: Bitte.

JOURNALIST: Aber, wenn ich mir die Frage erlauben darf, wie steht es mit dem Schwan?

GENERALINTENDANT: Den Schwan begreift Herr Schlappenseich als den ewig Suchenden. Er wird daher das ganze Stück hindurch auf der Bühne umherirren. Und zum Schluß – das ist eine geniale Umdeutung von Herrn Schlappenseich – Sie kennen den »Sterbenden Schwan«? Bei Schlappenseich wird der Schwan in ein »Sterbendes Schwein« umgedeutet – Stichwort: Globalisierung! Sie verstehen – und von vier Metzgergesellen, die während der Schlußszene auftreten, geschlachtet. Und zwar, ja, sicher eine Provokation, aber das Theater *muß* provozieren, wenn es lebendig bleiben soll –

JOURNALIST: Aber das Schwein ist dann tot?

GENERALINTENDANT: Richtig.

JOURNALIST: Ein *echtes* Schwein? Bei jeder Aufführung?

GENERALINTENDANT: Was regen Sie sich auf? Es würde sowieso geschlachtet, und dem Schwein ist es wurst, ob im Schlachthaus oder auf der Bühne. Apropos Wurst: nach der Aufführung werden die Würste angeboten, die ...

(Das Telephon läutet. Der Generalintendant hebt ab.)

GENERALINTENDANT: Ja, ich bin mitten in einem Interview. – *Was?* – Wie? – Das kann doch nicht ... –

Ent... – entsetzlich – Eine Katastrophe! – Wann? – Heute früh? – Ein Ritter in silberner Rüstung? – Plötzlich im Hotelzimmer? – Mit einem Hieb den Kopf ab? (Der Generalintendant legt, entsetzensbleich, den Hörer auf.)

GENERALINTENDANT: Sie können jetzt unser Gespräch gleich als Nachruf auf Christoph Schlappenseich verwenden.

VI.
Tristan und Isolde –
»Schuldlos schuldig«

Auch die bis dahin sozusagen geradlinige Chronologie der Entstehung der Werke Wagners wird durch die Ereignisse des Jahres 1849 und der Jahre danach unterbrochen. Vom »Ring« entstand in dieser schwierigen Zeit nur ungefähr die Hälfte der Musik, der Text allerdings ganz. Im August 1857 unterbrach Wagner die Arbeit daran, wohl auch, weil er keine Aufführungsmöglichkeit für dieses gewaltige Werk sah. Die Idee, eine eigene Aufführungsstätte dafür zu errichten, spukte zwar schon in Wagners Kopf herum, mußte allerdings unter den damaligen Umständen unrealisierbar erscheinen. Wagner schrieb dagegen einen Berg von Traktaten, Essays, Abhandlungen, alle – milde gesagt – schwer lesbar, schwerfällig, staubtrocken, ausufernd, darunter »Das Kunstwerk der Zukunft«, »Das Judentum in der Musik«, »Oper und Drama«. Wesentlich mehr Wirkung zeigte Franz Liszts tatkräftiges Eintreten für Wagner sowohl in Essays, die in Frankreich erschienen, als auch in seinen virtuosen und höchst wirkungsvollen Klaviertranskriptionen, die Teile der Opern – es gab ja noch keine »Tonträger« – dem Publikum nahebrachten.

In die Zeit von 1850 bis 1858 fällt die heftige, wohl platonisch gebliebene Leidenschaft Wagners für die verheiratete Mathilde Wesendonck, die Frau jenes Mannes, eines reichen Kaufmanns, der Wagner finanziell über Wasser hielt. Die Gefühle beruhten zunächst zeitweilig auf Gegenseitigkeit, wenn sie auch seitens Mathilde wohl eher den Charakter der Schwärmerei hatten. Das Verhältnis hatte etwas Schwüles, Verdrücktes, auch Verlogenes. Wenn Minna schon schlief, wenn Wesendonck verreist war, schlich sich Wagner in der Dämmerung hinüber – Mathildes »Dämmermann« nannte er sich neckisch. Eine schmierige Angelegenheit trotz alles »Seelischen«, sicher war es aber ehrlich, wenn er seiner Freundin und Gönnerin Eliza Wille gegenüber noch 1863 schrieb, sie sei die »erste und einzige Liebe« seines Lebens gewesen. (Dabei waren sich da schon er und Cosima ziemlich »näher«gekommen.) Wie immer wollte Wagner alle zwei Hasen mit einer Hand fangen: die Gunst und das Geld Otto Wesendoncks, die Seele und nicht nur die Seele Mathildes, ein ruhiges Leben mit Ehefrau Minna und vor allem untadelig sein. Er wollte das sein, was er seinen Helden im »Tristan« sein ließ: »Schuldlos schuldig«, und war, bei Lichte betrachtet, in dieser Affäre nur schäbig.

Der unvermeidliche Skandal führte auch zur Trennung von Minna. Sie lebte von da an meist in Dresden. Es kam noch ein paarmal zu kurzen Zusammentreffen für mehrere Tage, was meist im Streit endete, 1862 zur endgültigen Trennung, zu einer Scheidung kam es nie. Für Minnas Unterhalt bis zu ihrem Tod 1866 kam Wagner auf.

Es war nun, nach dem Skandal, unmöglich, weiter in dem »Asyl« zu bleiben, das Wesendonck Wagner im Gartenhaus neben seiner Villa zur Verfügung gestellt hatte und von wo aus Wagner in der Dämmerung zu Mathilde schlich, um seine Seele mit ihr zu vereinen – ja, wie gesagt, wohl nur die Seele. Immerhin schrieb sie Gedichte. Sie wären nicht erhalten, wenn nicht Wagner sie vertont hätte, die fünf sogenannten »Wesendonck-Lieder«. Ihre Vertonung ist, nach nicht ganz unbegründeter Meinung mancher, das Beste, was Wagner geschrieben hat, zumindest das Wagnerischeste.

Wagner floh nach Venedig, dann nach Wien. Und in dieser Zeit entstand der »Tristan«. Die Musik spiegelt dieses Schwüle, Unbestimmte, Unentschlossene, eben die »schuldlose Schuld« (die es selbstverständlich nicht gibt), und mit ihr ist es, das ist nicht zuviel gesagt, Wagner gelungen, die Musikgeschichte in eine andere, in eine neue Richtung zu zwingen. Kein Komponist nach Wagner, auch kein Zeitgenosse mehr, kam, wenn er ernsthaft Musik schaffen wollte und will, um diesen »Tristan« herum, so oder so, nicht Verdi, nicht Brahms, nicht Johann Strauß, sei es, daß sie die Errungenschaften der »Tristan«-Harmonik und nicht nur dies, auch den »Tristan«-Geist übernahmen und fortentwickelten, sei es, daß sie in bewußter Opposition dazu gezwungen waren, andere Wege zu suchen (wie die italienischen Veristen etwa), die sie ohne Wagner nicht gefunden hätten. Symptomatisch dafür ist Verdi, des großen Verdi Verhalten dazu. Er ließ seinen »Rè Lear« unvollendet liegen, versperrte ihn, stieß ihn von sich als zu wagnerisch und verarbeitete in freier souveräner Art im »Otello« und im »Falstaff« das, was ihm von Wagner für sein Schaffen geeignet erschien. Sind diese beiden Opern Verdis vielleicht die besten Wagner-Opern?

Merkwürdig ist allerdings, daß Wagner seinen eigenen »Tristan« in dem Sinn völlig verkannte, als er ihn für ein leicht aufzuführendes Werk hielt, ein »praktikables Opus«, quasi eine Operette, mit der sich leicht Geld verdienen ließ. Ein krasseres Fehlurteil über diese Oper ist nicht denkbar, wenn man allein an die Schwierigkeiten der Titelpartie denkt, die auch heute noch an die Grenzen sängerischer Kraft gehen.

*

Die Verbindung Wagners zu Mathilde Wesendonck bricht nach dem Skandal nicht ab, wenn sie sich auch – mit Ausnahme eines eher förmlichen späteren Besuches – in Briefen erschöpft. Wagner war immer groß in der Haltung, so zu tun, als sei nichts gewesen. Nach dem Verlassen des »Asyls« in Zürich reist Wagner nach Venedig. Abgesehen von körperlichen Leiden (die Gastritis und anderes plagten ihn) fühlt er sich dort wohl, wohnt luxuriös im Palazzo Giustiniani am Canal Grande, die Arbeit am »Tristan« geht zügig voran. (Wer die Wohnung im Palazzo bezahlt hat, die er noch dazu üppig mit Samt und Seide ausstatten ließ, berichtet Wagner in »Mein Leben« nicht; vermutlich verbrauchte er ein Darlehen Wesendoncks, der ihm dieses gewährt hatte, um ihn loszuwerden.) Am 6. August 1859, nachmittags um halb fünf Uhr, zieht er den letzten Taktstrich. Sein neuer Adept und Bewunderer, der junge Komponist Felix Draeseke, durfte bei diesem weihevollen Moment dabeisein. (Draeseke wird sich schwertun, später einen eigenen Ton für seine Arbeiten zu finden. Sein Hauptwerk ist die fünfstündige auskomponierte Langeweile mit dem Titel »Christus. Ein Mysterium«.)

Der »Tristan«, von dem Wagner – wiederum zu Mathilde Wesendonck – schreibt, daß er »so etwas« noch nie gemacht habe, daß er »ewig in ihr« lebe, daß er ganz in dieser Musik aufgehe, dieser »Tristan« ist Mathildes Oper, auch wenn er ihr nicht ausdrücklich gewidmet ist. »Hier (gemeint ist: in Venedig) wird der Tristan vollendet – allem Wüten der Welt zum Trotz. Und mit ihm, darf ich, kehre ich dann zurück, Dich zu sehen, zu trösten, zu beglükken!« Gut, er kehrte nicht zurück, denn als der »Tristan« uraufgeführt wurde, gab es schon Cosima, und in den Memoiren »Mein Leben«, die er Cosima diktierte, spielte er die Angelegenheit »Mathilde Wesendonck« stark herunter, widmete quasi den »Tristan« auf Cosima um, mit welcher er freilich auch »schuldlos schuldig« wurde.

*

Abgesehen von der tiefgehenden Affäre Mathilde (»so will ich diesem aller schönsten Traume noch ein Denkmal setzen ...«, schrieb er an Liszt) als sozusagen innerlich-äußeren Anstoß gab es zwei hauptsächliche Quellen für den »Tristan«: Schopenhauers Philosophie und das »Tristan«-Epos des Gottfried von Straßburg, dessen neuhochdeutsche Übersetzung von Hermann Kurtz (1844) Wagner benutzte. Der »Tristan«-Stoff ist sehr alt, stammt aus dem keltischen Sagenbereich, beruht vielleicht auch auf orientalischen Überlieferungen, die durch die Kreuzzüge in den Westen kamen. Von den vielen, auch späteren Bearbeitungen des Stoffes ist die durch den Straßburger »Magister« Gottfried (entstanden um 1200) die bedeutendste. Wer sich für diese Quelle Wagners interessiert, und es ist dies erhellend auch für die Oper, kann sich der vorzüglichen synoptischen Ausgabe des Epos bedienen, bei Reclam erschienen, von Rüdiger Krohn nach dem Ranke-Text besorgt, in neuhochdeutsche Prosa übersetzt und ausgezeichnet kommentiert. Interessant dabei ist allein auch das, was Wagner an Handlung ausgelassen hat.

Gottfrieds Epos ist unvollendet. Über die Gründe dafür, die selbstverständlich nie aufgeklärt werden können, wird unter Alt-Germanisten heftig debattiert sowie überhaupt über das Epos und die kaum faßbare Figur des Autors. Eine Hypothese, die vielleicht nicht von der Hand zu weisen ist, besagt, daß Gottfried sein Epos deswegen nicht vollendet hat, weil es ihm unmöglich war, einen befriedigenden Schluß zu finden. Einerseits brachte er es – vielleicht, alles Hypothese – nicht übers Herz, dieser gewaltigen Liebe ein happy-ending zu versagen, anderseits war es nach der damals gültigen »political correctness« nicht zulässig, den horrenden Verrat Tristans an seinem König und Onkel und den frechen Ehebruch durch einen glücklichen Ausgang des Dramas zu sanktionieren. So bleibt bei Gottfried der Schluß, freiwillig oder unfreiwillig, offen. Der »Liebestod« ist eine Erfindung Wagners.

Die andere Quelle, wenn man so sagen kann, war Schopenhauer. Wagner lernte dessen Hauptwerk, »Die Welt als Wille und Vorstellung«, durch seinen Freund Herwegh 1854 kennen, las es zunächst widerstrebend, dann aber gleich – nach seiner eigenen Mitteilung – viermal hintereinander. Das dürfte eine der Wagnerschen Übertreibungen sein, wenngleich überliefert ist, daß Wagner ein begnadeter Vielleser war. Jedenfalls war er von der Philosophie Schopenhauers fasziniert und mißverstand sie. Das ist ihm nicht vorzuwerfen, denn wer versteht schon die krausen Gedankengänge der weltfremden Spintisierer, die sich Philosophen nennen, diese Besserwisser mit ihrer Privatterminologie und ihren hirnrissigen Theorien über den Sinn der Welt, den keiner von ihnen je gefunden hat. Was ist, wenn diese lästerliche Zwischenbemerkung erlaubt ist, das »Höhlengleichnis« von Platon für eine an den Haaren herbeigezogene Albernheit, was für Absurditäten wurden verzapft und werden es immer noch bis zu deren vorläufigem Gipfel, dem Schwach-Sinn der »Strukturalisten«. Dagegen ist Schopenhauer fast noch von lesbarer Art. Sein Weltbild und damit sein Werk waren von der Überzeugung geprägt, daß Leben gleich Leiden, daß die Erlösung ins Nirwana das Erstrebenswerteste sei, und im übrigen glaubte er im buddhistischen Sinn an eine Wiedergeburt. Die Geschlechtslust begründete er nicht individuell, sondern nur gattungsspezifisch, also nur brauchbar zur Erhaltung der Art, lehrte in dieser Richtung Askese für den hochstehenden Menschen, besser gesagt: Mann. Von Frauen hielt der grämliche Schopenhauer nicht viel.

Wagner bog dies in seinem Sinn um. Er filtrierte die Todessehnsucht aus diesem Gedankenwulst heraus und die Rechtfertigung der alle Gesetze verachtenden Liebe. Und das versprudelte er in den Text des »Tristan«, namentlich in eins der schönsten, aber auch längsten Liebesduette der Operngeschichte, der Szene, die die Mitte des mittleren Aktes der Oper, also deren Zentrum bildet. »Nacht« und »Tod« bilden die Kernwörter dieses Textes. »Stürb ich nur ihr,/der so gern ich sterbe«, singt Tristan, »wie könnte die Liebe/mit mir sterben ...«, oder beide gemeinsam: »Nun banne das Bangen,/holder Tod,/sehnend verlangter/Liebestod!« Und so fort, vierzig Minuten lang. (In dieser Zeit handelt Puccini fast die halbe »Tosca« ab samt dem dort handfesteren Liebestod.)

Der Text des »Tristan« ist nicht ohne die private Situation Wagners zu verstehen, seine heftige Verliebtheit in die Frau des Mannes, von dem er finanziell abhängig ist, die Tatsache, daß seine Leidenschaft in gewissen Grenzen erwidert wird, jedoch eher schwärmerisch und bürgerlich-rücksichtsvoll aufs Platonische beschränkt blieb. Wagner träumte von einer – auch körperlichen – Vereinigung, imaginierte eine gigantische solche, nach der die Liebenden beseligt unter Mitnahme der ewigen Liebe ins Nirwana abschwirren. Er schrieb sozusagen seinen eigenen »Liebestod«, der den Vorteil hatte, daß er ihn überlebte.

*

Im »Tristan« ist Schopenhauers Einfluß auf Wagner am deutlichsten und unmittelbarsten zu spüren. (Ich beziehe mich hier auf eine noch unveröffentlichte Arbeit von Josef Koller.) Das Zentrum der Oper bildet der mittlere der drei Akte, und dort ist wiederum fast symmetriegenau in der Mitte das große, vierzig Minuten dauernde Duett Tristan-Isolde, das allerdings über weite Strecken eher ein – für Wagner typischer – Wechselgesang ist. In Text und ungesagt in der Musik verschmelzen hier Liebe und Tod, Welt und Nacht, Tristan und Isolde. Die nirwanische Seelenauflösung in Liebestrunkenheit ist von Wagner ohne Zweifel bewußt an diese zentrale Stelle seines, wie ich behaupte, zentralen Werkes gestellt worden. Es ist eine – cum grano salis – Vertonung von Schopenhauers »Welt als Wille und Vorstellung«, aber es ist die Vertonung von Wagners Mißverständnis dieses Buches, denn bei Schopenhauer ist, grob gesprochen, die Selbstaufgabe ein Weg zur Erkenntnis, bei Wagner ein solcher zur Lust – und zur Musik.

*

Ich kehre zum Unernst zurück. Ernsthafte Beschäftigung mit Wagner gibt es mehr als genug. Noch niemand hat sich mit dem pharmakologischen Problem befaßt, das der erste Akt »Tristan« (und auch schon sein Vorbild, das Epos Gottfrieds) aufwirft.

Wie auch der noch nicht fortgeschrittene Wagnerianer weiß, spielen im »Tristan« zwei Tränke eine Rolle. Isoldes Mutter, die auch Isolde hieß und zauberkundig war (das wissen wir von Gottfried), hat der Brangäne, Kammerfrau ihrer Tochter, diese Tränke vorsichtshalber mitgegeben: einen Todestrank für alle Fälle, man weiß ja nie, und einen Liebestrank, dessen Zweck entweder sein sollte, in Isolde die Liebe zu dem alten, zahnlückigen, schweißfüßigen Mummelgreis Marke zu erwecken oder in Marke die längst erloschene Mannesglut wieder zu entfachen.

Die – bei Wagner nur angedeutete – Vorgeschichte, bei Gottfried breit ausgesponnen, erhellt eigentlich erst den Kern der Sache. Tristan ist der Neffe Markes, des Königs von Cornwall, womit nicht das britische Cornwall gemeint ist, sondern das bretonische Cornoueille. Marke ist kinderlos und verwitwet und ernennt den Neffen zum Nachfolger, zum Kronprinzen also. Bei Gottfried ist das juristisch einwandfrei vertraglich geregelt: Marke verpflichtet sich, um das Nachfolgerecht zu garantieren, nicht mehr zu heiraten. Nun ist da aber noch der böse Morold. Er ist der künftige Schwiegersohn des Königs von Irland, Verlobter der Prinzessin Isolde. Cornwall ist dem König von Irland zinspflichtig, und Morold erscheint in Cornwall und will das Geld kassieren. Er kassiert aber nur den Tod, denn Tristan, der bei Gottfried ein Schlagetot und notorischer Lügner ist, erschlägt ihn im Zweikampf. Aber auch Tristan trägt eine Schramme davon, die nicht und nicht heilen will, und dem Vernehmen nach gibt es nur ein Heilmittel, und das weiß die Isolde, die junge, nicht die Mutter. Die junge Isolde ist zwar nicht zauber-, wohl aber offenbar heilkundig. Unter dem Namen »Tantris« fährt also Tristan nach Irland, um Heilung zu suchen. Isolde erkennt den Mörder ihres Verlobten zwar nicht am fadenscheinigen Pseudonym, wohl aber daran, daß in »Tantris'« Wunde der Splitter steckt, der in weiland Morolds Schwert fehlt. In noch nicht eingestandener Liebe rächt Isolde den Tod ihres Verlobten nicht, heilt den Mörder sogar, und »Tantris« kehrt nach Cornwall zurück.

Der König von Irland hat inzwischen eingesehen, daß es besser ist, mit Cornwall in Frieden zu leben, möglicherweise wartet er nur eine fernere Gelegenheit zur Rache ab, und er ist damit einverstanden, daß seine Tochter Isolde König Marke heiratet, als Besiegelung des Friedens zwischen den beiden Ländern. Marke schickt also, um der Form zu genügen, seinen Neffen und Kronprinzen als Brautwerber nach Irland. Seltsamerweise protestiert (in Gottfrieds Epos) Tristan in keiner Weise gegen den Vertragsbruch, denn Marke hatte ja zugesichert, nicht mehr heiraten zu wollen; vielleicht rechnet Tristan damit, daß der Tattergreis ohnehin keine Kinder mehr zeugen kann. Darf man also Tristans Ehe- und Vertrauensbruch damit rechtfertigen, daß Marke seinerseits vertragsbrüchig geworden war? Wie auch immer.

Tristan bringt Isolde, die zürnend im Schiff sitzt, von Irland nach Cornwall. Die Situation ist gespannt. Isolde erkennt selbstverständlich den ehemaligen »Tantris«, und Tristan erkennt, daß sie das erkennt. Er versteckt sich, soweit das auf dem Schiff geht, doch kurz vor dem Ziel verlangt Isolde energisch ein klärendes Gespräch. Tristan kann nicht mehr gut ausweichen. Isolde verlangt, daß die Morold-Sache zwischen ihnen geklärt werden muß. Tristan – ist er verzweifelt, weil er nun die schöne Isolde rettungslos in die gichtigen Krallen des alten Molches fallen sieht? – reicht Isolde seine *Beihabende Seitenwaffe*, also sein Schwert: Sie solle die Rache für Morolds Tod vollziehen. Isolde will den Tristan jedoch lieber vergiften, ordert den Todestrank, behauptet, das sei ein Versöhnungstrank. Brangäne verwechselt (absichtlich?) die Tränke und bringt den Liebestrank. Tristan kippt den Becher, bevor er ihn aber ausgetrunken hat, entreißt ihm Isolde diesen und trinkt den Rest, meinend, es sei Gift, will lieber sterben, als den sabbernden Lustmolch Marke zu heiraten.

Es war aber eben der Liebestrank. Die Wirkung tritt sofort ein. Tristan und Isolde fallen hemmungslos übereinander her, bei Wagner nur musikalisch, bei Gottfried von Straßburg ganz handfest.

Nun das pharmakologische Problem: *Wie* wirkt der (oder ein) Liebestrank? Verlieben sich die, die getrunken haben, augenblicklich ineinander ? Was ist, wenn drei, vier oder mehr davon trinken? Was ist, wenn nur, sagen wir, Tristan davon getrunken, Isolde »– später –« gesagt hat, und inzwischen wurde der Rest durch die Schlingerbewegung des Schiffes verschüttet? In wen verliebt sich dann Tristan? In Brangäne, weil sie grad dasteht? Oder in den Matrosen, der »Westwärts schweift der Blick ...« gesungen hat? Alles ungelöste Fragen.

Unter uns gesagt: Der Liebestrank dort auf dem Schiff hätte reines Wasser sein können, ein Placebo. Tristan und Isolde waren längst ineinander verliebt, wollten es nur nicht wahrhaben. Der Liebestrank dient nur dazu, daß die Schuldigen an ihrer Schuld schuldlos sind. So, wie Wagner gern schuldlos gegenüber Wesendonck gewesen wäre – und später gegenüber Hans von Bülow.

Zum Glück hört man es nicht, es geht im Musikrausch unter, daß Wagner die schuldlose Verstrickung seines Heldenpaares mit einer banalen Irrealität begründet, nämlich der Verwechslung der Tränke. Damit hat Wagner sein Seelendrama mit einer bloß mechanischen Zauberposse verwässert – aber man hört es ja nicht, wenn man nicht den Fehler begeht, den Text zu lesen. Wagner hätte auch gerne eine Trankverwechslungs-Entschuldigung für seine Schäbigkeiten gehabt.

*

Es wurde schon erwähnt, daß Wagner nicht alles aus Gottfrieds Werk übernommen hat; das wäre ja auch unmöglich. Das Epos ist viel zu umfang- und handlungsreich, um alles in ein Opernlibretto hineinzupressen. Manches wäre auch eher für Jacques Offenbach geeignet gewesen, etwa die Sache mit Brangäne. Wie erwähnt, findet die erotische Eruption nach dem Genuß des Liebestrankes im Epos viel körperlicher statt als in der Oper. Das führte zwangsläufig dazu, daß Isolde, wie die Liebenden erschreckt feststellten, nicht mehr »Maget« war, also »Magd«=Jungfrau. Was tun? Der Alte, meint Tristan, wenn er sonst schon nichts mehr merkt, *das* merkt er. Also befiehlt Isolde ihrer Kammerfrau Brangäne, die noch »Magd« ist, statt ihrer in der Hochzeitsnacht zu Marke ins Bett zu schlüpfen, das heißt, nachdem das Licht gelöscht, schnell mit Isolde die Rolle zu tauschen. Der Alte ist schwerhörig genug. Die moralischen Bedenken Brangänes werden durch Geschenke überbrückt, und der Betrug gelingt. Nachdem der vom Liebesakt erschöpfte Marke eingeschlafen ist, huscht wieder Isolde ins Bett, jetzt kann ja nichts mehr passieren.

So weit Gottfried von Straßburg, der auch ein Nachspiel schildert. Nach althergebrachtem Aberglauben, dem auch Isolde huldigt, bleibt jede Frau dem Mann, der bei ihr der erste war, in Liebe verbunden. Liebt also Brangäne jetzt den König? Sie könnte – zweifach, denn sie weiß ja auch von den Vorgängen am Schiff – das heimliche Paar erpressen. Der Dank der Könige: Isolde läßt Brangäne beseitigen.

Eine andere Geschichte im Epos betrifft das »Ordal«, das Gottesgericht. Marke ist ja nicht ganz blöd, außerdem wird gemunkelt ... Marke verlangt, daß sich Isolde in einem Ordal mit einem Reinigungseid vom Verdacht befreie. Sie erfindet eine List. Bemerkenswert dazu ist, daß Isolde, nach dem Urteil zum Ordal verzweifelt, innig zu Gott betet, daß er ihr zu betrügen helfe. Das Gebet wirkt, und Gott schickt ihr sogar die Eingebung zu ihrer Rettung – das heißt, bei Licht betrachtet, zur Vertuschung des Ehebruchs.

Isolde und Tristan verabreden, daß Tristan, als Bettler verkleidet, am Ordal-Ort »zufällig« auftauchen und Isolde (sie wird in einem Boot zur Stätte gebracht) beim Aussteigen straucheln solle. Der »Bettler« springt ihr bei, trägt sie huckepack, also auf seinen Schultern sitzend, ans Ufer, verschwindet dann. Nun schwört Isolde, daß nie sich ein Mann zwischen ihren Beinen befunden habe, außer dem König und – sie lacht – jenem Bettler dort, was alle gesehen haben. Und Gott macht den Schwindel mit: Die glühenden Pflugscharen, über die Isolde barfuß gehen muß, verletzen sie nicht.

Gottfried kommentiert dies mit den Verszeilen:

»Dâ wart wol g'offenbaeret
und all der werlt bewaeret,
daz der vil tugenthafte Crist
wintschaffen alse ein ermel ist.«

(Da ward deutlich offenbar
und aller Welt bewiesen,
daß der viel tugendhafte Christus
»windschaffen« wie ein Ärmel ist.

»Wintschaffen« heißt: wie ein lose herunterhängender Ärmel, der im Wind hin und her flattert.)

Die altgermanistische Wissenschaft zerbricht sich den Kopf darüber, wie ein Autor des 12./13. Jahrhunderts es wagen konnte, eine derartige Bemerkung zu machen. Die einleuchtendste Erklärung ist die, daß sich Gottfried mit diesen Zeilen gegen die Unsitte der Gottesgerichte wandte, sie ironisierte, wobei er im Einvernehmen mit der offiziellen Meinung der Kirche stand, die damals (später nicht mehr) die aus heidnischer Rechtssphäre stammenden Gottesgerichte verbot. Die Zeilen Gottfrieds sind also so zu verstehen: »Da seht ihr, was dabei herauskommt, wenn man Gott versucht! Man stellt ihn als Windbeutel dar.«

Ob das allerdings mit den vorangegangenen Versen zusammengeht, in denen Gottfried die Isolde zu ebendem Gott um das Gelingen des Betruges beten läßt, muß dahingestellt bleiben. Man könnte die Szene des Ordals unter die Überschrift stellen: »Gott muß Jurist sein.«

Übrigens war »Magister« oder »Meister« Gottfried wohl Jurist, der erste der zahlreichen Dichter-Juristen der deutschen Literaturgeschichte. Geistlichen Standes war er nicht, denn das stimmte mit dem Magister-Titel nicht überein, und in seinem ganzen »Tristan« sind juristische Gegebenheiten als Handlungs-Scharniere zu finden.

*

Als Wagner den »Tristan« schrieb, in Wien vergeblich auf dessen Uraufführung hoffte – die schon begonnene Inszenierung wurde abgebrochen, die Mitwirkenden erklärten die Oper als unspielbar –, hatte er, wie erwähnt, bereits das ganze »Rheingold«, »Die Walküre« und die beiden ersten Akte des »Siegfried« komponiert, den Text zum dritten Akt und den der »Götterdämmerung« (fast) vollständig ausgearbeitet. Im August 1857 brach er die Arbeit ab zugunsten des »Tristan«, nahm sie auch nach dessen Vollendung, enttäuscht über die scheinbare und damals tatsächliche Unaufführbarkeit nicht wieder auf und wandte sich einem Plan zu, den er schon seit fast zwanzig Jahren mit sich herumtrug. Schon im Sommer 1845 in Marienbad, als er sich mit Quellenstudium zum »Lohengrin« befaßte, spielte er mit der Idee, dieser Tragödie im Sinn des antiken Theaters eine Komödie als Satyrspiel folgen zu lassen, und entwarf ein Szenarium für eine Oper um die Figur des Hans Sachs und die Nürnberger Meistersinger. Er stellte den Plan jedoch zurück, ohne ihn je ganz aufzugeben. Die Lektüre von E. T. A. Hoffmanns »Meister Martin der Küfer«, Jacob Grimms »Über den altdeutschen Meistergesang« und vor allem »Die Geschichte der poetischen Nationalliteratur der Deutschen« von Georg Gottfried Gervinus gaben Anstöße und nicht zuletzt Albert Lortzings »Fest-Oper mit Tanz: Hans Sachs«, die 1840 in Leipzig uraufgeführt wurde und die Wagner mit Sicherheit gekannt hat. Es gibt einige Wagner offenbar peinliche musikalische Übereinstimmungen (milde ausgedrückt) zwischen seinen »Meistersingern« und Lortzings »Hans Sachs«, und es ist verdächtig, daß Wagner in seinen sonst so geschwätzigen Memoiren Lortzing nur ein einziges Mal und dies nur ganz nebenbei erwähnt. Dabei wäre ihm dieser geistige Diebstahl aus der Zeit heraus gar nicht vorzuwerfen. Ohne Zweifel ist Wagners Oper als die bedeutendere zu sehen, ohne dem liebenswürdigen Lortzing damit zu nahe treten zu wollen, und warum sollte einer nicht »stehlen«, wenn er Besseres aus dem geistigen Diebesgut machen konnte als der Bestohlene. Doch dem »Meister« darf kein Makel anhaften. Wird deshalb von den Opern Lortzings ausgerechnet dieser »Hans Sachs« nie gespielt? Ich habe den Verdacht eines uneingestandenen Komplottes, dem auch der arme Heinrich Köselitz immer noch zum Opfer fällt. Köselitz (1854-1918), der unter dem Pseudonym Peter Gast zwei Opern, viele Lieder, Symphonisches und Kammermusikwerke schrieb, war ein Schüler, dann Freund und endlich der Sekretär Friedrich Nietzsches. Dieser nützte den zehn Jahre jüngeren Bewunderer ungefähr so aus, wie Wagner in den sechziger Jahren den Bewunderer Nietzsche ausgenützt hatte. (Später mehr davon.) Nietzsche setzte sich nach seinem Bruch mit Wagner vehement für die Kompositionen Gasts ein, verstieg sich dazu, was abwegig war, Gast als musikalischen Gegenpol zu Wagner aufzubauen (neben dem von Nietzsche noch mehr gelobten Bizet), was Gasts Pech war. In der Musikgeschichte wird Peter Gast nur mit wegwerfender Handbewegung erwähnt, obwohl niemand sich die Mühe macht, seine Musik überhaupt anzuhören, was, nebenbei bemerkt, unmöglich ist, weil sie nie gespielt wird. Noch ein uneingestandenes Komplott der Wagnerianer? Bei Bizet gelingt das selbstverständlich nicht, denn dessen – von Nietzsche in den letzten Jahren über alles geschätzte – »Carmen« ist von einem Kaliber, gegen das selbst die geballte Wagneriatur nicht ankommt, zum Glück.

*

Ein persönliches Erlebnis Wagners, ein anekdotenhaftes Ereignis, spielt beim sozusagen Urgrund der »Meistersinger« eine tragende, vielleicht auslösende Rolle. Nachdem im Mai 1835 das Ensemble in Magdeburg auseinandergelaufen war, es wurde oben davon erzählt, fuhr der nun stellungslose Wagner zunächst nach Dessau, dann nach Teplitz, nach Prag, immer auf der Suche nach einer Stellung, vergeblich, dann nach Frankfurt, und dabei kam er zum ersten Mal durch Bayreuth, nicht ahnend ... und nach Nürnberg. Dort erlebte er am 25. Juli 1835, wie eine Gruppe von angetrunkenen Handwerksgesellen in ein Wirtshaus gehen wollte, der Wirt sie jedoch nicht mehr hereinließ. Die Gesellen verprügelten dann nicht nur den Wirt, sie prügelten wahllos sogar aufeinander ein, bis der Nachtwächter sie vertrieb. Die Szene blieb Wagner unvergessen und wurde die Keimzelle zum großartig turbulenten Schluß des zweiten »Meistersinger«-Aktes.

Die endgültige Textfassung, die auf mehreren Prosaentwürfen beruhte (wie bei Wagner fast immer), wurde 1861/62 abgeschlossen, als Wagner wegen der »Tannhäuser«-Aufführung in Paris weilte. Das Vorspiel, die »singende-klingende C-Dur-Ouvertüre«, konzipierte er im März 1862 auf einer Eisenbahnfahrt nach Wien, beendete dort die Orchestrierung.

In den folgenden zwei Jahren ereignete sich eine derart dramatische Wende in Wagners Leben, wieder einmal, diesmal jedoch letzten Endes zum Guten, daß selbst er, dem noch nie zuvor äußere Umstände die Schaffenskraft gestört hatten, nicht zu weiterer Arbeit an den »Meistersingern« kam, abgesehen von einigen Ansätzen, etwa der Skizzierung des »Wach' auf!!«-Chores – weil einfach zuviel, wenngleich Erwünschtes passierte. Die Wende hatte, musikalisch gesprochen, allerdings einen bedrohlichen Auftakt, wie überhaupt das Ganze wie inszeniert ausschaut, was es freilich nicht war.

Zunächst kam eine gute Nachricht: Wagner wurde amnestiert, für das Königreich Sachsen und später auch für das ganze restliche (damals ja noch nicht geeinte) Deutschland. Wagner lebte zwar in diesen Schicksalsjahren in Wien, raste aber eigentlich kreuz und quer durch Europa, gab Konzerte, die wenig oder nichts einbrachten, versuchte, den »Tristan« unterzubringen und dem Verleger Schott in Mainz die noch nicht fertigen »Meistersinger« zu verkaufen. Zudem machte er Schulden, dubiose Wechselgeschäfte, fiel Wucherern in die Hände. Er war selbst nicht ganz unschuldig an seiner diesmal schon lebensbedrohlichen finanziellen Misere. Er liebte den Luxus, den er sich nicht leisten konnte, auf den er jedoch zeit seines Lebens als Weltbeschenker Anspruch zu haben glaubte. Und nicht zuletzt die Herzensangelegenheiten. Da gab es immer noch die ferne Geliebte Mathilde Wesendonck, die sich zwar inzwischen mit ihrem Mann ausgesöhnt hatte und nun für den neuen Stern am Musikhimmel, Johannes Brahms, schwärmte, aber immer noch die Empfängerin von Wagnerschen brieflichen Seelenergüssen war. An seinem Geburtstag 1862, seinem neunundvierzigsten also, lernte er eine andere Mathilde kennen: Mathilde Maier, und verliebte sich in sie, danach eine andere Meyer mit Y, Friderike, in die er sich auch verliebte. Es gibt Liebesbriefe an beide, manche am gleichen Tag geschrieben, manche gleichlautend. (Erinnert das nicht an Falstaff?) Und dann Cosima, mit der es am 28. November 1863 zu der für beide denkwürdigen Kutschenfahrt in Berlin kam: »Unter Tränen und Schluchzen besiegelten wir das Bekenntnis, uns einzig gegenseitig anzugehören.« (Wechselten sie nicht nur Tränen und Schluchzen? Und erinnert das nicht an jene Kutschenfahrt in »Effi Briest«?) Schließlich waren beide noch verheiratet ...

Die finanzielle Situation wurde immer schlimmer. Wagner übertrieb in dem Fall sicher nicht, wenn er an Schott am 10. Oktober 1862 schrieb, er sei »in der Lage eines Ertrinkenden«, er fühle sich erschöpft und deprimiert (an Minna im März 1863), und an Peter Cornelius, daß ihm nur noch ein Wunder helfen könne, »... sonst ist's aus!« (April 1864). Dennoch skizziert er, vielleicht in einer Phase von Optimismus, der ihn wohl dennoch nicht ganz verließ – und ununterbrochen deprimiert wäre ja schon Geisteskrankheit –, die Konzeption der Festspiele für seine Nibelungen-Tetralogie: ein eigenes Theater in einer »minder großen Stadt«, Unsichtbarkeit des Orchesters, amphitheatralische Anordnung des Zuschauerraumes, finanziert durch private Sponsoren und Stiftungen oder besser durch einen Fürsten. »Wird dieser Fürst sich finden?« Es ist wirklich wie in der Peripetie eines Dramas im dritten Akt: Der Fürst bereitet sich bereits darauf vor, aufzutreten, nur der Protagonist weiß es noch nicht.

Währenddessen wird der Aufenthalt in Wien unmöglich. Es droht die Schuldhaft, sein Rechtsanwalt rät ihm zur Flucht. Wagner macht zu Geld, was nur geht, und flieht am 23. März 1864 aus Wien. Am 10. März war König Maximilian II. von Bayern gestorben, sein Sohn Ludwig II. König geworden. Eine seiner ersten Amtshandlungen war, nach Wagner suchen zu lassen. Er ließ Boten nach Wien schicken, nicht ahnend, daß der Gesuchte vor seiner Haustür mittellos durch die Stadt irrte. Wie erwähnt wurde im Hoftheater der »Lohengrin« gegeben, bei vollem Haus. Wagner sah von außen die Lichter. Das Leben erlaubt sich Einfälle! Auf dem Weg ins Hotel ging Wagner an einem Schaufenster vorbei, in dem ein Bild des neuen, jungen Königs ausgestellt war, betrachtete die »unbegreiflich seelenvollen Züge«. Es war der 25. März, noch dazu Karfreitag.

Am Karsamstag floh er weiter nach Mariafeld bei Zürich, wo ihn seine alte Gönnerin Eliza Wille für einen Monat über Wasser hielt, solange ihr Mann auf Orientreise war. In seiner größten Not dachte Wagner sogar an den Ausweg einer reichen Heirat, ließ schon bei Minna vorfühlen, ob sie mit einer Scheidung einverstanden sei. Doch Eliza Wille präsentierte nur die ältliche schlesische Gutsbesitzerin Harriet von Bissing, und die wollte Wagner nicht.

Herr Wille kam von seiner Orientreise zurück und warf Wagner, der sich im Haus ungebührlich breitgemacht hatte, hinaus. Wagner fuhr nach Stuttgart, wo seine Freunde Eckert und Weißheimer waren. Von Eckert erhoffte er eine Vermittlung auf eine Kapellmeisterstelle in Darmstadt. »Ich bin am Ende«, sagte er am 30. April zu Weißheimer.

Wie Hofrath Seraph von Pfistermeister (auch wieder so ein Kalauer des Weltgeistes: Seraph, der rettende Engel),

König Ludwigs Cabinettssecretair, Wagner im Stuttgarter Hotel »Marquardt« gefunden hat, ist nicht ganz geklärt. Pfistermeister hatte ihn zunächst in Wien gesucht, mußte dort wohl »durch gründliche Nachweisungen geleitet« (so schrieb Wagner in »Mein Leben«) vom Aufenthalt in Mariafeld erfahren haben, reiste dorthin und wurde von Willes offenbar nach Stuttgart verwiesen. Als er sich bei Wagner meldete, fürchtete dieser, es handle sich um einen Gläubiger, und ließ sich zweimal verleugnen. Wirkt es nicht so, als ob Wagner mit aller Gewalt das Glück von der Schwelle weisen wolle? Pfistermeister ließ nicht locker, drang am Vormittag des 3. Mai 1864 zu Wagner vor, und das Wunder war geschehen.

Pfistermeister übergab Wagner einen Ring (schon wieder! »Ring«), eine Photographie des Königs und überbrachte die Botschaft: Der König ruft Wagner, den er in Zukunft »an seiner Seite jeder Unbill des Schicksals zu entziehen« entschlossen sei.

Wagner muß sich wie im Traum vorgekommen sein. Er brach, nichts ist verständlicher, in Tränen aus. Er schrieb sofort einen überschwenglichen Dankesbrief, den Pfistermeister an sich nahm. Noch am gleichen Abend fuhren beide per Bahn nach München. Vorher aber leistete sich das Leben, das offenbar in solchen Weltsekunden des Symbolischen nicht genug tun kann, eine weitere Pointe: Es traf die Nachricht vom Tod Meyerbeers ein, was Wagner freute und Weißheimer zu »hämischem Lachen« reizte. Und, siehe da, kaum war Pfistermeister aus der Tür, kam der Stuttgarter Intendant von Gall und bat, ja, jetzt: bat darum, den »Lohengrin« aufführen zu dürfen.

Am 4. Mai nachmittags dann stand Wagner (1,665 m) vor dem König (1,90 m), am 9. Mai zahlte die Cabinettscassa auf des Königs Befehl viertausend Gulden aus (ca. fünfundzwanzigtausend Euro). Es gereicht Wagner zur Ehre, daß er sofort seine Schulden in Wien abzahlte. Mit der ersten Begegnung mit dem König schloß Wagner seine Autobiographie: »... nie jedoch hat unter dem Schutze meines erhabenen Freundes die Last des gemeinen Lebensdruckes mich wieder berühren sollen.« So wäre es auch gewesen, wenn sich Wagner nicht diesen Schutz und diese Freundschaft durch Vorwitz, Großmannssucht und Lügen verscherzt hätte.

*

Die Chronologie der Entstehung der Werke Wagners geht weiterhin durcheinander. Er läßt die wenigen bisher geschaffenen Teile der »Meistersinger« liegen, denn in einer pathetischen, der Komik nicht ganz entbehrenden Szene »befiehlt« der König am 7. Oktober 1864 die Vollendung des »Rings«. Einschließlich der weiteren Zahlung vom 18. Oktober hat Wagner von der Cabinettscassa fünfzigtausend Gulden erhalten. Genau ein Jahr später erhält er nochmals vierzigtausend Gulden (nach vorsichtiger Umrechnung und Schätzung insgesamt ca. 1,1 Millionen Euro): Aber von einer Weiterarbeit am »Ring« ist nichts zu bemerken, auch nicht an den »Meistersingern«. Für den König schreibt er aber immerhin die erste Prosaskizze von dem von Ludwig so sehnlich erwarteten »Parsifal«. Davon an seinem Ort in diesem Buch.

Es folgte nun am 10. Juni 1865 die glanzvolle Uraufführung des »Tristan«, dessen wahre Bedeutung die Musikkritik freilich nicht erkennt. Es folgen, was hier nicht dargestellt werden soll, was man – etwa bei Gregor-Dellin –

nachlesen kann, in gedrängter Form in der »Wagner-Chronik« bei dtv, nicht genug zu loben, zusammengestellt ebenfalls von Gregor-Dellin, die Affäre »Cosima«, das Hin und Her von Lüge und Pathos, die freche Düpierung des Königs, der eine Zeitlang beleidigt ist, dann jedoch wieder zu Wagner hält, der Skandal des Ehebruchs von Cosima, der nicht mehr vertuscht werden kann, die freche Einmischung Wagners in die Regierungsgeschäfte und so fort. Ludwig bleibt nichts anderes übrig, als Wagner zu befehlen, Bayern zu verlassen. Der reist am 10. Dezember 1866 ab. Nach einigen Umwegen findet er wieder in der Schweiz ein neues Asyl: in Tribschen am Vierwaldstättersee, freilich weit luxuriöser als das in Zürich, denn der König zieht seine auch finanziell schützende Hand nicht vom Meister. Eine der ganz wenigen Auslandsreisen Ludwigs führt ihn heimlich und inkognito zum vierundfünfzigsten Geburtstag Wagners nach Tribschen, überraschend für Wagner. Ludwig läßt sich als »Walter von Stolzing« melden.

❋

Es dürfte für Wagner eine Erleichterung gewesen sein, als die Verhältnisse klar geworden waren, das Versteckenspiel aufgehört hatte: Cosima zog zu ihm nach Tribschen, mit den Töchtern, denen, deren Vater Hans von Bülow war, und mit der, von der man dies nicht genau wußte. Zwar war das Verhältnis nicht legitimiert, auch wenn Wagner seit kurzem verwitwet war (Minna starb 1866, nur siebenundfünfzig Jahre alt, in Dresden), Cosima war noch immer verheiratet. Doch der König zeigte sich versöhnt, und Hauptsache, er zahlte weiter. Es dürften alles in allem die bisher ruhigsten Jahre Wagners gewesen sein. Es war auch ein fast gutbürgerliches Familienleben. Das Glück war vollkommen, als 1869 der Sohn Siegfried zur Welt kam. Nein, nicht ganz vollkommen: Erst 1870 willigte Hans von Bülow in die Scheidung ein, und das hohe Paar konnte endlich heiraten.

Cosima Liszt, oder Baronin von Bülow oder d'Agoult, wird gern die »Herrin von Bayreuth« genannt, galt und gilt als herrschsüchtig, präpotent, engstirnig, wenngleich hochintelligent, eifersüchtig auf fremde Frauen und fremden Ruhm – das war sie alles, sie war von nun an jedoch vor allem die Herrin Richard Wagners, und es dauerte nicht lange, dann versuchte er, dieser Herrschaft zumindest heimlich zu entkommen. Er war ja ein »Heimlicher«, ein »Dämmermann«. Es gelang ihm manchmal, doch es gelang ihm nie ganz – was er vielleicht gar nicht wollte. Wer weiß schon, was er wirklich will.

In der Cosima-Biographie von Oliver Hilmes, »Herrin des Hügels«, ist die freudlose Jugend Cosimas dargestellt: praktisch elternlos, tyrannischen und bigotten Gouvernanten ausgeliefert. Viel von ihren späteren Zügen erklärt sich daraus. Diese Biographie ist lesenswert, und wer sich ein besonderes Vergnügen leisten will, *liest* das Buch nicht, sondern läßt es sich auf CD von Elke Heidenreich vorlesen.

VII.
Die Meistersinger – »Verachtet mir die Meister nicht...«

Nun ging Wagner, den »Befehl« des Königs zur Vollendung des »Ringes« nicht ganz ernst nehmend, an die Ausarbeitung der »Meistersinger«. Schon während der Zwischenstation in Genf 1866 von Januar bis März hatte er daran gearbeitet, jetzt wieder ab Mai 1866 in Tribschen, und am 24. Oktober 1867 war das Werk vollendet.

Abgesehen von den schon erwähnten peinlichen Deutschtümeleien ist diese Oper im positiven Sinn harmlos, gemessen an den anderen. Es kommen keine Götter vor, keine Zaubertränke, keine Schwäne. Es ist die unpathetischste Oper, ohne gequälte Stabreime, der Operntext mit den wenigsten Stilblüten, und der Wahn-Monolog Sachsens im zweiten Akt ist wirklich ein literarisch guter Text. Vereinfacht gesehen: die angenehmste, unaufgeregteste Oper des Meisters, und die einzige, in der er sich nicht scheut, Witze anzubringen. (Mit Ausnahme ganz weniger Stellen im »Ring«.)

Es ist ein Künstlerdrama, und es bedarf keines Wortes, dies zu begründen. Wagner stellte in der Figur des Stolzing sich selbst und seinen Kampf gegen die herkömmliche Ästhetik dar. Stolzing wirft die starren Regeln der Meistersinger durcheinander, so wie Wagner die verkrusteten Strukturen der alten Oper aufgemischt hat, vor allem die in seinen Augen verkommene Grand Opéra im Stile des –

NB! Juden – Meyerbeer. Freilich ohne in der Oper die Vokabel »jüdisch« zu gebrauchen. »Welsch« steht statt dessen, womit natürlich auch französisch und italienisch gemeint ist. Ein Denkfehler liegt in dem Ganzen, er ist freilich angesichts der Musik zu vernachlässigen, denn in der historischen Wirklichkeit gehört der abgetakelte letzte Minnesänger Stolzing, der Schüler Walthers von der Vogelweide (was in der Oper, weil völlig anachronistisch, nur bildlich gemeint ist) und Ritter, eigentlich der kulturgeschichtlich abgestorbenen Welt an, die bürgerlichen Handwerksmeister waren die Neuen, auch wenn sie und ihre starren Regeln bald spießbürgerlich wurden.

Die Negativfigur in den »Meistersingern« ist Sixtus Beckmesser, ein historischer, wenngleich wenig faßbarer Meistersinger aus der Zeit Hans Sachsens in Nürnberg. Wagner hat nur den Namen übernommen, und dieser ist in der Folge zum Synonym für geistlose Regelreiterei und Besserwisserei geworden. Ihn zu einem Juden zu machen hat Wagner in seiner notorischen Feigheit, wie erwähnt, nicht gewagt, aber, so nach Bemerkungen in Cosimas Tagebüchern, in den verballhornten Versen Beckmessers wollte er jüdische Sprechweise verspotten. Wie vorn schon ausgeführt, hat Wagner in der Figur des Beckmesser den Wiener Kritiker und Musiktheoretiker Eduard Hanslick karikiert. Die Figur sollte zunächst auch noch deutlicher Veit Hanslick oder Hans Lick heißen.

Die Ehrenrettung Hanslicks – der, spielte aber dabei keine Rolle, entgegen Wagners Meinung kein Jude war – ist längst erfolgt, und jeder, der nicht ein verbohrter Wagnerianer ist, weiß, daß Hanslick durchaus kein Beckmesser war. 1825 in Prag geboren, 1904 in Wien gestorben, Jurist und zunächst Staatsbeamter, dann als Dozent und später

Professor an der Universität, war er ein Kritiker, wie man ihn sich nur wünschen kann. Seine Kritiken waren keine landläufigen Rezensionen, sondern sorgfältig gearbeitete, stilistisch glänzende Essays. Entgegen der auch in der Literatur verbreiteten Meinung, Hanslick habe über seine Karikatur in den »Meistersingern« geschäumt, ist die »Meistersinger«-Kritik, liest man sie denn, durchaus objektiv, zeigt sie die auch vom Wagnerfreund unbestreitbaren Schwachstellen auf (etwa die nicht seltenen, sicher nicht gewollten sprachwidrigen Stimmenführungen), hält aber die Oper, der er eine fünfzehnseitige Betrachtung (mit Notenbeispielen!) widmet, für »ein denkwürdiges Kunsterlebnis«, wenn er auch, und das wohl mit Recht, meint, daß die Art dieser Komposition, zur Regel erhoben, das Ende der Musik bedeuten würde. Nicht minder wird er in einer noch ausführlicheren Darstellung dem »Rheingold« gerecht, vor allem der gereiften Instrumentation, und wenn er – zum Beispiel – einwendet, daß in Wagners Text nicht der *Gedanke* den *Stabreim* nach sich zieht, sondern sehr oft umgekehrt, hat er absolut recht. Nicht Hanslick hat über Äußerungen Wagners geschäumt, sondern umgekehrt. Mehrmals ist Hanslick auf Wagner offen zugegangen, Wagner hat immer gekniffen. In »Mein Leben« hat er diese Begegnungen in verräterisch aggressiver Weise geschildert. Übrigens war Hanslick in seinen frühen Jahren von Wagner begeistert, in späteren Jahren, als er die Uraufführung erlebte, vom »Parsifal« tief beeindruckt. Freilich widersprach er in seinem Grund-Buch (1854 und dann oft aufgelegt und verbessert) »Vom Musikalisch-Schönen« der Musik-Ästhetik Wagners diametral und dessen »Musik als Ausdruck« (so der Titel einer Wagner-Verteidigung seines Adepten Sigismund v. Hausegger). Hanslick betrachtete die Musik als »tönend bewegte Formen«, deren Schönheit und Wert *allein* in ihr selbst liegen; für Wagner war die Musik – in seinen späteren Jahren – Mittel, um seine Weltideen auszudrücken. Dabei war Hanslick keineswegs ein Gestriger, was sein Interesse für die Musik Brahms' zeigt, den Wagner deswegen für gefährlich hielt, weil er einen Weg ging, der in die musikalische Zukunft führte, ohne Wagners Forderungen zu beachten. Betrachtet man dies alles rückblickend, erscheint, bei allem bleibenden Wert der Werke Wagners, die von Wagner propagierte »Musik der Zukunft« doch als Sackgasse. Sie hat noch einen Richard Strauss hervorgebracht, auch einen Gustav Mahler, aber dann war Schluß. Der gangbare Weg führte ganz woanders weiter.

*

Ein anderer Fall war der eines jungen Mannes, der in der Tribschener Zeit zu Wagner oder, besser gesagt, zu den Wagners stieß. Wagner hatte den Vierundzwanzigjährigen flüchtig in Leipzig beim Verleger Brockhaus kennengelernt. Am 17. Mai 1869 besuchte dieser junge Mann dann das erste Mal Wagners in Tribschen, dreiundzwanzig zum Teil länger dauernde Besuche folgten, auch eine uneingestandene und völlig ungefährliche Schwärmerei für Cosima. Trotz seiner Jugend war der Mann schon Professor, dabei verhuscht, menschenscheu, mit zwei linken Händen begabt und halbblind. Nur seine Ideen waren gigantisch. Er hieß Friedrich Nietzsche.

So wie Alberich den Mime am Ohr zum Gehorsam zerrt, zog – im übertragenen Sinne – Wagner, zog vor allem Cosima den Verhuschten in ihren Dienst. Er mußte Noten kopieren, die Kinder unterhalten, ins Dorf zum Einkaufen fahren (brachte – eben, weil er halbblind war – das Falsche mit, wurde von Cosima getadelt) und durfte dann zur Belohnung Richards philosophische Tiraden anhören. Bekam auch zu essen.

Nietzsche legte Wagner eine etwas krummgedankliche Schrift zu Füßen: »Die Geburt der Tragödie aus der Musik«, in der er Wagner als den neuen Heroen der Welt pries. Das gefiel Wagner, aber wichtiger war ihm doch, daß Nietzsche, wobei er sich die Augen noch mehr verdarb, Noten kopierte. Wagner nahm wohl eigentlich den »Ängstlichen Adler« (dies der treffliche Titel der hervorragenden Nietzsche-Biographie von Werner Ross) nicht ernst, Cosima schon gar nicht. Die Entfremdung begann mit dem Umzug der Wagners nach Bayreuth 1872. Es stimmt nicht, was die außerordentlich dumme Schwester Nietzsches behauptete, daß der angeblich christliche »Parsifal« der Auslöser für den endgültigen tiefen Bruch zwischen Nietzsche und Wagner war. Vielmehr war es ein weitaus banalerer, auf Wagner ein ganz übles Licht werfender Grund.

Nietzsche verstand sich als Komponist. Er war zweifellos, das wußte er selbst genau, ein Dilettant auf diesem Gebiet, doch solche Seiteneinsteiger finden oft Erstaunliches, auf das die Professionellen nicht kommen, weil denen das Zunftgemäße im Wege steht. So auch bei Nietzsches Kompositionen. Freilich fehlte ihm, wie Dilettanten oft, der große Atem; vieles, fast die meisten seiner Arbeiten blieben Fragment (zum Beispiel die – seltsam – lateinische Messe), besser ging ihm die kleine Form, das Lied, Klavierstück von der Hand, und da finden sich, wenn man sich die Mühe macht, genauer hinzuschauen, ganz erstaunliche

Dinge: Akkordverknüpfungen, harmonische Kühnheiten, bewußte Regelwidrigkeiten, die fast schon expressionistisch anmuten, sogar über das hinausgehen, was Wagner errungen hat. Manches erinnert an Reger ... Um allerdings wirkliches musikhistorisches Gewicht zu haben, war Nietzsches musikalisches Werk freilich zu schmal.

Die ganzen Facetten an diesem Mann Nietzsche erkannten die Wagners in ihrer zunehmenden Selbstbespiegelung nicht. Nietzsche war ein exemplarisch zerrissener Mensch. Von zartester Rücksichtnahme im persönlichen Verkehr, zurückhaltend und höflich bis zur Devotion, bramarbasierte er in seinen Schriften vom gewalttätigen Übermenschen; kränklich, leidend, blind, von physischen und psychischen Leiden geplagt, tönte er vom Kraftstrotzen; trocken und humorlos schwärmte er vom heiteren, lachenden, jauchzenden Propheten, der von einem besonnten Gipfel zum anderen springt ... Und in seiner geschliffenen, klaren, kristallisch schönen Prosa schreibt er albernen Krimskrams, philosophischen Müll, der nicht Hand und nicht Fuß hat, was man sagen muß, wenn man unvoreingenommen die Schriften genau liest. Das größte Mißverständnis war, daß die Nazis diesen Deutschen- und Germanenhasser Nietzsche zur Galionsfigur machten, noch dazu, wo er sympathischerweise den Wagnerschen Antisemitismus verabscheute.

Wie grob die Wagners Nietzsche nicht ernst nahmen, zeigt eine Episode, aus Cosimas Tagebüchern verbürgt, die zum Glück Nietzsche nicht erfahren hat. Am 24. Dezember 1871 schickte Nietzsche den Wagners eine eigene Komposition. (Es dürfte sich um die »Sylvesternacht« für Violine und Klavier gehandelt haben.) Das Stück wurde (in Abwesenheit Nietzsches) gespielt, und Wagner sagte:

»Da verkehrt man seit Jahren mit diesem Menschen, ohne dergleichen zu ahnen; und nun kommt er so, meuchlings die Partitur im Gewande.«

Der Grund für den tiefen Bruch Nietzsches mit Wagner, was dann wieder der Anlaß für die flammenden, bösen Anti-Wagner-Schriften Nietzsches war, die allerdings erst nach Wagners Tod entstanden, sei hier nur in gedrängter Kürze dargestellt. Nietzsche konsultierte auf Empfehlung Wagners einen Arzt (begeisterten Wagnerianer) in Frankfurt, der nach der Untersuchung Wagner davon unterrichtete, daß Nietzsches Augenleiden und seine chronischen Kopfschmerzen unheilbar seien. Wagner, besserwisserisch wie immer, schrieb dem Arzt, Dr. Otto Eiser hieß er, daß Nietzsches Krankheit ganz einfach daraus zu erklären sei, daß Nietzsche ständig onaniere. (Woher Wagner das gewußt haben will?) Von diesem Brief erfuhr Nietzsche, man weiß nicht, wie, und daß er durch die Äußerung Wagners und dieses ungeheuer indiskrete Verhalten zutiefst verletzt war, ist verständlich.

VIII.
Der Ring des Nibelungen –
»Weiche, Wotan! Weiche!«

Erst nach der Uraufführung der »Meistersinger« am 21. Juni 1868 »befolgt« Wagner den »Befehl« des Königs zur Vollendung des »Rings«. Wie erwähnt, war die Arbeit seinerzeit mit dem Abschluß des Entwurfes zum zweiten Akt »Siegfried« im August 1857 steckengeblieben. In München instrumentierte Wagner 1864/65 dann diesen Akt, die Arbeit stockte aber wiederum. Erst im März 1869 begann Wagner mit der Komposition des dritten Aktes, die im Februar 1871 abgeschlossen war. Bereits im Oktober 1869 arbeitete er parallel dazu an »Siegfrieds Tod«, dem letzten »Tag« des »Ringes«, später »Götterdämmerung« genannt. Diese wurde, schon nach dem Umzug nach Bayreuth, im November 1874 fertiggestellt.

Wenn man die Daten betrachtet und mit der Arbeitsleistung Wagners in früheren Jahren vergleicht, muß man feststellen, daß er nach der Errettung *(Erlösung?)* durch König Ludwig relativ wenig geschrieben hat. Entfaltete sich das ganze Genie nur dem Unerlösten? Eine Spekulation. Tatsache jedoch ist, daß sich Wagner von 1864 an seinem vielleicht größten Werk zugewandt hat, das seine ganze Kraft kostete: den Festspielen. Es ist nicht daran zu zweifeln, daß Wagners Werke zu den wesentlichen Schätzen der abendländischen Musik gehören, und daß sie jedenfalls überdauert hätten, auch wenn die Idee der Festspiele nicht verwirklicht worden wäre. Es ist jedoch daran zu zweifeln, ob die Werke diesen Stellenwert heute einnehmen würden, den sie in der Weltmusik haben, wenn nicht die Festspiele ihn in so unvergleichlicher Weise stützten. (Anmerkung: Ich verwende den Begriff »Weltmusik« nicht in dem sonst jetzt gebräuchlichen Sinn, sondern analog zu »Weltliteratur« als Qualitätsmerkmal.)

Hat das Wagner erkannt? Hat er, was ich ohnedies vermute, seiner Musik allein nicht getraut? Ich vermute es, und daß – unausgesprochen und nie an die Oberfläche seines Bewußtseins gekommen – er den weltanschaulichen, privatmystischen Schwulst, seine ganze Erlösungsphilosophie deswegen über seine Musik gestülpt hat.

*

Die Beschäftigung Wagners mit dem Nibelungenstoff reicht in die vierziger Jahre zurück. Es wurde schon erwähnt und sollte nicht außer acht gelassen werden, daß der allererste Anstoß von sozusagen heidnischer, antichristlicher Seite erfolgte, von der Begegnung mit den Gedanken Feuerbachs. Das war jedoch nicht der einzige Anstoß. Der Vielleser Wagner studierte zahlreiche Quellen und Darstellungen, vor allem die Werke Grimms, die Ausgaben der alten Heldendichtungen und Sagen von Simrock und v. d. Hagen, das »Nibelungenlied« in der Ausgabe von Lachmann und anderes mehr. Es gibt mehrere, zum Teil stark voneinander abweichende Entwürfe, Prosa- und Versfassungen des »Ringes«, auch schon einzelne musikalische Skizzen aus den vierziger und frühen fünfziger Jahren. Wagner dachte zunächst nur an die Siegfriedtragödie »Siegfrieds Tod«, erkannte dann, daß dieses Drama ohne die Vorgeschichte nicht einleuchtet, weshalb er den »Jungen Siegfried« (später nur noch »Siegfried«) vorschaltete, wonach er die dramaturgische Notwendigkeit zu erkennen glaubte, der Vorgeschichte eine Vorgeschichte voranzustellen, »Die Walküre«, und schließlich bis zum Urgrund der Tragödie hinabstieg und das Vorspiel »Das Rheingold« entwarf.

Bemerkenswert ist, daß schon früh, bevor noch – abgesehen von den erwähnten Skizzen – von der musikalischen Gestalt etwas vorhanden war, die Konzeption der Nibelungen-Tetralogie mit der Idee der Festspiele verknüpft war. Ein förmlich programmatischer Brief Wagners an Theodor Uhlig vom 12. November 1851 zeigt dies:

> »An eine Aufführung kann ich erst nach der Revolution denken: erst die Revolution kann mir die Künstler und die Zuhörer zuführen. Die nächste Revolution muß notwendig unsrer ganzen Theaterwirtschaft das Ende bringen: sie müssen und werden alle zusammenbrechen, dies ist unausbleiblich. Aus den Trümmern rufe ich mir dann zusammen, was ich brauche: ich werde, was ich bedarf, dann finden. Am Rheine schlage ich dann ein Theater auf und lade zu einem großen dramatischen Feste ein: nach einem Jahre Vorbereitung führe ich dann im Laufe von vier Tagen mein ganzes Werk auf: mit ihm gebe ich den Menschen der Revolution dann die Bedeutung dieser Revolution, nach ihrem edelsten Sinne, zu erkennen. Dieses Publikum wird mich verstehen: das jetzige kann es nicht. – So ausschweifend dieser Plan ist, so ist er doch der einzige, an den ich noch mein Leben, Tichten (sic!) und Trachten setze. Erlebe ich seine Ausführung, so habe ich herrlich gelebt; wenn nicht, so starb

ich für was Schönes. Nur dies aber kann mich noch erfreuen. –
Leb wohl!
Dein
R. W.«

Man bedenke dabei auch, daß dieser Brief nur zwei Jahre nach den Vorfällen 1849 in Dresden und Wagners Flucht geschrieben ist. Die Revolution, von der er hier schrieb, meinte er nicht nur künstlerisch, sondern auch und vor allem politisch, wovon er freilich später abrückte.

*

Die Nibelungensage und das mittelhochdeutsche »Nibelungenlied« sind germanisch-deutsche Sagen – bzw. Literaturgut – und zwei verschiedene Paar, wenngleich aufeinander bezogene Stiefel. Das geht schon einmal daraus hervor, daß mit *Nibelungen* sowohl die *Asen*, das dem Göttergeschlecht feindlich gegenüberstehende Zwergenvolk, bezeichnet ist, zum anderen das Fürstengeschlecht der sagenhaften Burgunder, das in der frühmittelalterlichen Dynastie der Burgunderkönige ein historisches Vorbild hat.

Die Handlung der »Ring«-Tetralogie ist dann verständlicher, wenn man sich sowohl die Geschichte vergegenwärtigt, die im »Nibelungenlied« erzählt wird, als auch das, was in den nordischen Sagen, in der »Edda« oder der »Wälsungensage« überliefert ist. Das »Nibelungenlied« ist bekanntlich in der ersten Hälfte des 12. Jahrhunderts entstanden, gut fünfzig Jahre vor Gottfrieds »Tristan«. Eine Zeitlang hielt man, nicht ohne Grund, den frühen Minnesänger *Der Kürnberger*, von dem man sonst nichts weiß, für den Verfasser. Ziemlich sicher scheint zu sein, daß das Gedicht im Umkreis um den Hof des Bischofs von Passau entstanden ist. Der Stoff stammt aus weit früherer Zeit und beruht auf dem das Allgemein-Gedächtnis prägenden Ereignis des Hunneneinfalls im 5. Jahrhundert, auf der Völkerwanderungszeit, auf den blutrünstigen Familienfehden der Merowinger und auf der dramatischen Vernichtung der erwähnten Burgunderdynastie, worauf unter anderem die Namen der Burgunderkönige Gunther (Gundaharius) und Giselher (Gislaharius) hinweisen.

Diese Elemente der Sage oder Sagen drangen nach Norden und wurden dort mit den alten germanischen Sagen und mit den Geschichten aus der alt-nordischen Mythologie, mit Odin und Wodan (so schrieb Wagner anfangs noch), Fricka und Freya und vor allem der Sigurd-Sage und den Nibelungen-Erzählungen verknüpft, mit denen sie an sich nichts zu tun hatten, was ihre Herkunft betraf. So entstanden die Edda, eine isländische Sagensammlung, das Atislied (wobei mit Atis schon Attila gemeint ist), die Völsunga-(bei Wagner Wälsungen-)Saga, die alle, NB!, jünger sind als das »Nibelungenlied«. Wagner hielt sie wohl aber für älter.

Die Geschichte, die im »Nibelungenlied« erzählt wird, unterscheidet sich selbstverständlich von der in Wagners Tetralogie gestalteten:

Siegfried, ein Königssohn vom Niederrhein, kommt mit großem Gefolge nach Worms an den Hof des Burgunderkönigs Gunther und freit um die Hand von dessen Schwester Kriemhild. Siegfried war in Worms kein Unbekannter, der Ruhm seiner Taten war ihm vorausgeeilt, und die erzählt ein Dienstmann König Gunthers, Hagen: Hoch im Norden leben die Zwergenkönige Schilbung und Nibelung (= Sohn des Nebels, also der Finsternis und Unterwelt), die einen ungeheuren Schatz, den Nibelungenhort, hüteten. Siegfried tötete die Zwerge – warum? ganz einfach, weil er ein Held war, und der erschlägt, was ihm in den Weg kommt – und nahm den Schatz an sich, der unter anderem eine Tarnkappe enthielt. Die Mannen Siegfrieds nannten sich seitdem Nibelungen. Dann tötete Siegfried noch rasch einen Drachen und badete in dessen Blut, was ihn unverwundbar machte, mit panzerartiger Hornhaut überzogen (»der hürnern Seyfried« hieß er im späteren Volksbuch), bis auf eine Stelle am Rücken, da war vor dem Bad ein Lindenblatt, vom Badenden unbemerkt, hingefallen und liegengeblieben, und diese Stelle war also nicht »hürnern«. Er muß merkwürdig ausgesehen haben: ein Mensch, ganz mit Hornhaut überzogen, selbst das Gesicht ... scheint aber seine Schönheit nicht beeinträchtigt zu haben.

»Von vorne, von vorne,
da ist er ganz von Horne.
Von hinten, von hinten,
ist er zu überwinden.«

So heißt es in den »Lustigen Niebelungen« von Oscar Straus.

Bevor es zur Heirat kommt, ergibt sich aber eine neuerliche Gelegenheit zum Dreinschlagen, nämlich ein Sachsenkrieg, in dem Siegfried dem König Gunther beisteht und viele Sachsen (darunter Vorfahren Richard Wagners?) erschlägt. Dann muß er noch für Gunther eine Frau herbeischaffen, und zwar Brunhilde oder Brünhilde (Brünhilt), die Königin des Isenlandes (= wohl Island), mit der Siegfried irgendwann einmal verlobt war. Brunhilde ist ein ganz starkes Weib, und sie akzeptiert nur einen Mann, der sie im Wettkampf mit Laufen und Ringen besiegt. Das erledigt Siegfried spielend, und so muß Brunhilde ihm folgen, der sie dann sozusagen Gunther abtritt. Dann endlich gibt König Gunther seine Schwester Kriemhild dem Siegfried zur Gemahlin. In Brunhilde aber erwacht in Worms noch einmal die alte Wildheit, und sie hängt, statt sich von ihm entjungfern zu lassen, den ihr körperlich unterlegenen Gunther an einen Haken (altburgundischen Kleiderhaken?), wo er bis zum Morgen zappelt.

Siegfried nimmt Gunther vom Haken und sagt: »Ich werde das schon erledigen.« Der Tarnhelm hat ja nicht nur die Eigenschaft, daß er den Träger unsichtbar macht, sondern erlaubt auch, daß der sich in jedwede Gestalt verwandelt; wie Wagner das schon im »Rheingold« verwendet, wenn er Wotan und Loge den Alberich überlisten läßt. Siegfried setzt also den Tarnhelm auf und verwandelt sich in Gunther. In dieser Gestalt verbringt er mit Brunhilde die nächste Nacht und nimmt ihr Ring und Gürtel – alte Symbole für die Entjungferung.

Es ist nicht ausgeschlossen, daß das Vorbild der Brunhilde die Westgotenprinzessin Brunichildis ist, Gattin des fränkischen Königs Sigibert (!), später von dessen Neffen Merowech, eine auffallend starke und zielstrebige Regentin für ihren Sohn und dann ihren Enkel, eine herausragende Figur in der Geschichte des Merowingerreiches im 6./7. Jahrhundert.

Ring und Gürtel schenkte Siegfried seiner Frau Kriemhild, und bei dem berühmten Streit der Königinnen um den Vortritt beim Eingang in den Dom von Worms giftet

Kriemhild ihre Schwägerin mit der Bemerkung an, daß sie gar nicht von ihrem Mann, sondern von Siegfried »überwunden« worden ist, und zeigt zum Beweis Ring und Gürtel vor. (Der Kirchgang ist eines der wenigen christlichen Motive in der Geschichte, die den heidnischen Hintergrund nur dürftig übertünchen.) Brunhilde brütet Rache und stiftet Hagen an, Siegfried zu töten. Hagen läßt falsche Boten kommen: Die Sachsen drohten wieder mit Krieg. Es wird zum Feldzug gerüstet, selbstverständlich ist Siegfried mit dabei. Hagen verspricht Kriemhild scheinheilig, besonders gut auf Siegfried aufzupassen, und um das zu erleichtern, näht Kriemhild an der Stelle ein Kreuz auf ihres Mannes Gewand, an der er einzig verwundbar ist – ein geniales Moment tragischer Ironie. Nun läßt Hagen wieder falsche Boten kommen: Entwarnung, die Sachsen kommen doch nicht. Der Kriegszug wird abgeblasen, weil man jedoch schon so flott gerüstet ist, geht man wenigstens zur Jagd in die Vogesen (kann auch sein: Odenwald). Man erlegt Hirsch und Bär und Wildsau, und dann – während, neuzeitlich gesprochen, das Kesselgulasch aufgesetzt wird – schlägt Hagen einen sportlichen Sprint zu einer entfernten Quelle vor, den Siegfried selbstverständlich gewinnt, womit Hagen rechnet, was er im übrigen ja auch leicht herbeiführen kann, und als sich Siegfried zur Quelle beugt, um zu trinken, stößt ihm Hagen an der von Kriemhild bezeichneten Stelle den Speer in den Leib. Niemand hat's gesehen. Als der tote Siegfried dann in Worms aufgebahrt ist und Hagen bei der Trauerfeier daran vorbeigeht, beginnt die Wunde wieder zu bluten, nach uralter Meinung ein Hinweis auf den Mörder. Kriemhild sieht es, behält es jedoch für sich, dreizehn Jahre lang. Dann kommt ein Abgesandter des Hunnenkönigs Etzel, der um die Witwe wirbt. Kriemhild nimmt die Werbung an, nach wiederum dreizehn Jahren lädt sie ihre Brüder und Hagen nach Ungarn ein, und bei einer großen Sauferei werden Gunther, seine Brüder und alle Burgunder erschlagen, den Hagen köpft Kriemhild mit eigener Hand mit Balmung, dem Schwert Siegfrieds. Daraufhin wird sie ihrerseits von Hildebrand, dem Dienstmann Dietrichs von Bern, erschlagen, der am Hofe Etzels weilt und dort wie auch im Nibelungenlied eine unklare Rolle spielt.

Der Nibelungenhort taucht in dieser Fassung der Geschichte kaum auf als handlungstragendes Element. Nach Siegfrieds Tod ließen damals die Brüder Gunthers – Gernot und Giselher – den Schatz (als Erbe Kriemhilds?) holen, doch Hagen versenkte ihn heimlich im Rhein, weil er fürchtet, Kriemhild könne sich durch große Freigebigkeit zu viele Freunde schaffen. Noch am Hof Etzels fragt Kriemhild Hagen nach dem Verbleib des Hortes, und Hagen gibt eine freche Antwort.

Die ganze, von Wagner in den ersten drei Teilen des »Ringes« ausgebreitete Vorgeschichte kommt im »Nibelungenlied«, wie man sieht, nicht vor, und selbst die Abenteuer Jung-Siegfrieds nur indirekt in der Schilderung Hagens.

Anders in der altnordischen Überlieferung, namentlich in der Edda und der Völsungasaga: Dort tauchen die Wälsungen als Völsungar auf, ein Heldengeschlecht, das von Gott Odin abstammt, dessen Sohn Sigi König der Franken wurde und dessen Enkel Wals oder Wolsung hieß. Dessen Sohn wiederum ist der wackere Sigmund, der sterbliche Liebling seines unsterblichen Urgoßvaters Odin. Mit seiner Schwester Signy oder Hjordis, die ihn vor den Nachstellungen eines bösen Oheims rettet, zeugt Sigmund den

Sohn Sigurd oder Siegfried. Noch bevor Siegfried zur Welt kommt, fällt Sigmund von der Hand des bösen Hunding. Hjordis-Signy kann gerade noch die Trümmer von Sigmunds Schwert retten. Siegfried wächst dann bei König Hjalgreb auf, den Hjordis in zweiter Ehe heiratet, wird vom Zwerg Regin erzogen. Regin kennt nicht nur die Geheimnisse der Welt, er ist auch ein geschickter Schmied und fertigt aus den geretteten Trümmern ein neues Wunderschwert für seinen Zögling. Außerdem erzählt er ihm vom Goldschatz auf der Gnitaheide, und zwar nicht ohne eigensüchtigen Grund. Regin nämlich ist der Sohn (nach anderen: der Bruder) des Zauberers Hreidmar, des Bruders Fafnirs (Fafner bei Wagner), und Onkel des Otr, der es liebte, sich in Fischotter(!)-Gestalt im Wasser herumzutreiben. Eines Tages gingen Odin, der niemand anderes ist als Wagners Wotan (sonst auch Wuotan oder Wodan), also Siegfrieds Ur-Urgroßvater, mit Loki (das ist Wagners Loge) und Hönir spazieren. Hönir ist ein Ase, also Familienangehöriger Odins, und sein Freund; im übrigen ist seine mythologische Stellung nicht ganz klar. Loki ist eigentlich kein Ase, sondern ein Abkömmling der Riesen, Sohn des Farbanti und der Lautey, schloß vor Urzeiten mit Odin Blutsbrüderschaft und wurde zum Ehrengott erhoben. Er war schlauer als die Götter, machte sich ihnen unentbehrlich, war aber auch verschlagen. (Züge davon sind in Loges Rolle im »Rheingold« zu finden.) Es führt jetzt das Folgende freilich von »Wagner für Fortgeschrittene« weg, aber es ist zu schön, um es nicht zu erzählen, und mit dem »Ring« hat es ja doch irgendwie zu tun.

Mit der Riesin Angrboda zeugte Loki den Fenrirs-Wolf, die Midgard-Schlange und die Göttin des Todes, Hel. Loki war dann der Urheber, der Mörder in – juristisch gesprochen – mittelbarer Täterschaft des Lieblingssohnes Odins, des lichten Baldr (oder Balder, Baldur); darzustellen, warum, führte hier wirklich zu weit. Loki wird von den Asen, also Odin und seiner Sippe, zur Rechenschaft gezogen und gefesselt in eine Höhle verbannt, wo eine Schlange, eine andere, nicht die Midgard, Gift auf ihn träufelt, worauf er vor Schmerzen zuckt, was Erdbeben hervorruft. (Das deutet auf isländischen Ursprung dieses Teils der Sage und Mythologisierung des dort vorkommenden Vulkanismus; so ist Loki = Loge, *Lohe* auch der Feuergott, so auch noch bei Wagner.) Am Ende der Tage kommt Loki frei, und er ficht den letzten Kampf gegen die Asen aus, nämlich gegen den Odin-Sohn Heimdall-Guillintani (= Heimdall, der mit den goldenen Zähnen, also ein Lichtgott). Sie töten sich gegenseitig, gleichzeitig frißt der Fenrirs-Wolf den Odin und wird seinerseits von Odins Sohn Widar (= Wetter) getötet. Die alten Nordländer, diese Raufbolde, konnten sich das Weltende nicht anders als eine gewaltige Schlacht vorstellen. So kommt das Weltende, das Regnarok (= eigentlich »Letztes Götterschicksal«, mit »Götterdämmerung« ungenau übersetzt), als gigantische Rauferei mit zum Teil grotesken Zügen, die in der Edda liebevoll ausgemalt werden, wobei die Welt in Brand gerät und zugrunde geht. Aber, und da dürften verballhornte christliche Motive eingegangen sein, der Lichtgott Baldr ersteht vom Tod auf und schafft eine neue, paradiesische Welt ...

Doch zurück zum Spaziergang Wodans, Hönirs und Lokis. Sie kamen an einen Wasserfall, und da saß, einen Lachs im Maul, in Otterngestalt Otr. Aus reinem Mutwillen warf Loki einen Stein nach ihm und tötete ihn. Otrs Brüder Regin, Fafnir und Hreidmar erhoben ein großes Geschrei und verlangten – entsprechend dem tatsächlichen altgermanischen Sühnerecht – Buße. Odin, der sich als Chef verantwortlich fühlte, erfüllte den Bußanspruch und übergab den Brüdern einen Goldschatz (d. h., er füllte den Balg Otrs mit Gold), der deswegen unerschöpflich, sich selbst erneuernd war, weil er den Ring Andwaranaut enthielt. Odin hatte diesen Ring dem Zwerg Andwari entwendet, der daraufhin den Ring verfluchte: Er solle dem Träger Unglück bringen. Dieses Motiv findet sich, wie man weiß, sehr deutlich im »Rheingold«.

Der Fluch, der am Ring haftet, erfüllt sich sogleich, denn die Brüder geraten bei der Teilung in Streit, Fafnir tötet Hreidmar, Regin kann flüchten und schlüpft am Hofe des Königs Hjalsprek unter. Fafnir versteckt den Schatz auf der Gnitaheide, verwandelt sich in einen Drachen und bewacht ihn. Man fragt sich also, was Fafnir davon hat? »Ich lieg und besitz«, singt er in Wagners »Siegfried«. Eigentlich hat er gar nichts davon, außer, daß er ihn *hat*, wie der Geizhals, den der Besitz allein und an sich befriedigt und der in abgetragenen Klamotten dasitzt und Angst hat, daß ihm wer etwas stiehlt.

Regin erzieht sich Siegfried zum Rächer, schmiedet ihm deshalb das Wunderschwert Gram (bei Wagner heißt es Nothung) und will vor allem den Schatz haben. Als Siegfried soweit ist, zieht Regin mit ihm auf die Gnitaheide und zeigt ihm den Drachen. Siegfried versteckt sich in einer Grube, und als der Drache, also Fafnir, über ihn wegkriecht, um zu seinem Trinkplatz zu kommen, rammt ihm Siegfried das Schwert von unten in den weichen Bauch. Fafnir stirbt, warnt seinen Mörder noch vor Regins Tücke, denn er gönnt den Schatz eher seinem Mörder als seinem Bruder. Regin trinkt das Blut des Drachen und fordert Siegfried auf, das Drachenherz zu braten. Das tut

Siegfried, ißt es aber dann selbst. Dadurch versteht er die Sprache der Vögel und erfährt, daß ihn Regin umbringen will, erschlägt diesen schnell und nimmt den Goldhort, den Andwaranaut-Ring und den Ägishelm, den Tarnhelm also, mit. Um den Fluch kümmert er sich nicht.

Die weitere Geschichte hält sich dann enger an die fränkische Überlieferung. Siegfried heiratet Gudrun oder Gutrune (so heißt Kriemhild hier und auch bei Wagner), die Schwester des Burgunderkönigs Gunnar, wird von diesem beauftragt, für ihn um die Schwester Atlis (d.i. Etzels), Brunhild, zu werben. In der nordischen Sage ist Brunhild, wie bei Wagner dann, eine Walküre, die, wegen Ungehorsams, von ihrem Vater Odin (der aber offenbar nicht der Vater Atlis ist, Atli und Brunhild sind also Stiefgeschwister) bestraft wird: Sie muß einen sterblichen Mann heiraten. Sie sitzt nun grollend auf Hindarfjall, einer Burg, und bittet Odin, wenigstens so gnädig zu sein, etwas zu unternehmen, daß nicht jeder Dahergelaufene sie zur Frau nehmen kann. Das sieht Odin ein und zieht einen Feuerring um Hindarfjall. Gunnar kann den Feuerring natürlich nicht durchdringen, Siegfried mit Ägishelm in Gestalt Gunnars jedoch spielend, sprengt auf seinem Pferd Grani in die Burg, schläft drei Tage bei Brunhild, ohne sie zu »berühren«, legt das Schwert Gram zwischen sich und sie, schenkt ihr den Ring Andwaranaut, nimmt ihn ihr dann wieder ab, als er – immer noch als Gunnar, er hatte also auch im Bett den Tarnhelm auf – mit Brunhild die Burg verläßt. Unbemerkt von ihr nimmt er dann den Tarnhelm ab, verwandelt sich also wieder in Siegfried, und Gunnar führt die Braut heim.

Als eines Tages Gudrun und Brunhild gemeinsam baden, verspottet Gudrun ihre Schwägerin, es kommt zum

Streit, und Gudrun verrät die ganze Geschichte, zeigt den Ring, den ihr inzwischen Siegfried geschenkt hat. Brunhild stiftet nun einen Bruder Gunnars, Guthorm, an, Siegfried zu ermorden. Das geschieht, doch der sterbende Siegfried erschlägt noch schnell seinen Mörder. Siegfrieds Leiche wird verbrannt, Brunhild springt in die Flammen und ersticht sich, folgt dem einzig Geliebten in den Tod. (»Moriamo insieme«, heißt es in italienischen Opern in solchen Fällen.) Auch die weitere Rache Gudruns, die den Atli heiratet und dann die Brüder töten läßt, wird in der nordischen Fassung erzählt. Die Völsungasaga kennt noch eine Tochter Siegfrieds und Brunhildes (hat er doch das Schwert einmal beiseite getan?) namens Aslaug, die die Stammutter der norwegischen Könige wurde.

*

Die, wenn man so sagen kann, Baugeschichte von Wotans Burg »Walhall« ist im wesentlichen eine Erfindung Wagners. Man fragt sich ja im »Rheingold«, wo denn Wotan mit Familie vorher gewohnt hat? Wohl nicht im Zelt in der »Freien Gegend auf Bergeshöhen«. Die Walhalt oder Walhall, Walhalla, wörtlich: Halle der Erschlagenen, ist nach der altnordischen Mythologie nur ein Teil des Götterareals »Asgard« oder »Gladsheim«. Das ist ein himmlischer Hain, in dem die Götterpaläste stehen. Odin-Wotan hat zwei Paläste: »Walafkjalf«, wo sich seine Fensterbank »Hlidskjalf« befindet, von der aus er die ganze Welt überblicken kann, und den Palast »Sökkwabekk«, wo Odin jeden Tag der Göttertrank in goldener Schale gereicht wird. Im blumenreichen Garten »Glasir« steht die riesige »Walhall«, die fünfhundertvierzig Türen hat, die so groß sind, daß achthundert Helden nebeneinander durchgehen können. Die Edda erzählt genau von der Ausstattung der Halle, von der Täfelung durch Speerschäfte usw. Die Walküren, von denen es weit mehr gibt als – wie bei Wagner – nur neun, bringen die toten Helden, die »Einherier«, nach Walhall und sind ihnen dort zu Diensten. Servieren Essen und Trinken. Und so. Zum Zeitvertreib ziehen die Einherier nach dem Frühstück hinaus und dreschen bis mittags aufeinander los, dann heilen augenblicklich die Wunden, und Odin lädt zu Tisch. Es gibt den unerschöpflichen Speck vom Eber »Sährimuir«, und trocken geht die Angelegenheit auch nicht vor sich: Die Ziege »Heidrun« gibt Met, womit wohl nicht alkoholfreier Himbeersaft gemeint ist. Danach, nehme ich an, fallen die Einherier auf ihre Bärenfelle, und ein gewaltiges Schnarchen erfüllt ganz Asgard. Abends dann Siebzehn-und-Vier oder vielleicht Walküren-Strip … Und man freut sich schon auf die Groß-Dresche morgen. Man versteht, daß sich manche wackeren Germanenstämme nur ungern dazu finden ließen, den langweiligen christlichen Himmel zu akzeptieren.

*

Die erste Szene des »Rheingold« wirft ein juristisches, die zweite ein geographisches Problem auf.

Vor Jahren hat der Jurist Ernst von Pidde eine richtungweisende Arbeit veröffentlicht: »Der ›Ring des Nibelungen‹ im Lichte des deutschen Strafrechts« und hat dort zum Beispiel untersucht, ob die Tötung des Drachen durch Siegfried diesem als Mord oder nur als Tierquälerei anzulasten ist. Aber auch zivilrechtliche Fragen wirft der »Ring« auf, so eben in der ersten Szene: Wem gehört das

Rheingold, also der in der Tiefe des Rheins leuchtende Goldschatz? Gehört er den Rheintöchtern? Dem Vater Rhein? Wer ist dieser? Gibt es diesen »Vater Rhein« überhaupt? Singen tut er jedenfalls nicht. Ist der Schatz herrenlos? Das weitere Schicksal dieses Goldes wirft Fragen des Verwahrungsrechtes, des Eigentumsrechtes, der rechtlichen Institutionen der Verarbeitung und Vermischung auf, des gutgläubigen Erwerbs usw. Davon gleich mehr, wobei schon einmal von vornherein gesagt werden muß, daß Wagner im »Ring« (und im Leben) juristisch unbekümmert war.

Das geographische Problem in der zweiten Szene entsteht durch die anfängliche Regiebemerkung Wagners: »Freie Gegend auf Bergeshöhen/Der hervorbrechende Tag beleuchtet mit wachsendem Glanze eine Burg mit blinkenden Zinnen, die auf einem Felsgipfel im Hintergrund steht, zwischen diesem und dem Vordergrunde ist ein tiefes Tal, durch das der Rhein fließt, anzunehmen. –«

Es fließt der »Rhein« durch ein »tiefes Tal«, über dem »Felsgipfel« aufragen? Das kann nur die Schweiz sein. Siedeln die Asen, siedeln Wotan und seine Göttersippe am Oberrhein? Symbolisiert die »Burg mit blinkenden Zinnen« die Nummernkonten? Oder sind Wotan und die Seinen Eidgenossen geworden? Stimmfähige Bürger des Kantons Graubünden? Schließlich lebte Wagner zweimal für mehrere Jahre in der Schweiz, der größte Teil des »Ringes«, sowohl Text als auch Musik, ist dort entstanden. Er hat länger in der Schweiz gelebt als in Bayreuth ... Eine diese Sinnhaftigkeit erkennende Regie wird andeutungsweise die Rheintöchter (man beachte die Nähe zu dem typisch schweizerischen Begriff: Saaltöchter) Schwyzerdütsch singen lassen, wobei ihr »Heiajaheia!« ja schon von vornherein dem Jodeln ähnlich ist, vom »Kuhreihen« inspiriert.

Die Darstellung der Riesen ist, wie jeder weiß, der je das »Rheingold« gesehen und gehört hat, problematisch. Welche Kopfstände an Regieleistung werden vollbracht, um etwa einen großartigen, aber kleinwüchsigen Baßbariton größer erscheinen zu lassen als eine hochaufgeschossene Mezzosopranistin, die die Fricka singt: Kothurne, Stelzen, Ballone als Köpfe usw. Wäre es nicht besser, das Riesenhafte nur als Allegorie zu nehmen und Fafner und Fasolt als die Gnome von der Bahnhofstraße darzustellen? Wo es sich ja eh' nur um Gold dreht – und die Übernahme des Aktienpakets in der Heuschreckenmanier der Hedge-Fonds ist feinsinnig in der Kampfszene zwischen Fafner und Fasolt vorgestellt.

Das ewige Menschheitsdilemma: »Weib oder Geld?!« oder vielmehr, daß es schwer ist, die Gier nach beidem gleichzeitig auszuleben, ein Dilemma, das Wagner persönlich nicht fremd war, ist gerade im »Rheingold« vorzüglich auskomponiert. Den Ring zu schmieden, das heißt: die Weltherrschaft zu erringen gelingt nur dem, der »der Liebe entsagt«, und die Riesen sind erst dann bereit, auf das »Weib«, das heißt die Göttin Freia, zu verzichten, wenn so viel Gold aufgehäuft ist, daß sie sie nicht mehr sehen können.

Die Gestalt des Wotan, der im ganzen »Ring« ja eigentlich eine klägliche Figur macht und von dessen Allmacht und Weltherrschaft nichts zu spüren ist, ist in der sintflutartigen Wagner-Sekundärliteratur häufig zu analysieren versucht worden, etwa in der geistreichen Schrift »Der traurige Gott« von Peter Wapnewski. Da hat dieser Wotan also die beiden Riesen beauftragt, die Burg Walhall zu bauen, eine Zwingburg, von der aus der Gott die Welt beherrschen und wo er, um mit Nero zu sprechen, endlich wie ein Mensch resp. Gott leben kann. Als Lohn hat er ihnen nichts Geringeres als die Göttin Freia, die Schwester seiner Frau, versprochen – zahlbar nach Fertigstellung und Abnahme. Jetzt kommen die Riesen und wollen kassieren. Da fällt Wotan nichts Dümmeres ein als zu sagen: »Was schlau für Ernst du achtest,/was wir zum Scherz nur beschlossen!« Juristisch ausgedrückt: Mentalreservation, der Vertrag ist von einer Seite nicht ernst gemeint. Juristisch unhaltbar, denn der geheime Vorbehalt ist nichtig (§ 116 BGB). Besser beraten wäre Wotan gewesen, er hätte sich auf § 138 BGB berufen, auf Sittenwidrigkeit, denn sittenwidrig wäre ein Vertrag, in dem ein Mensch verkauft wird. (Darüber, ob § 138 BGB allerdings auf den Verkauf von Göttinnen anzuwenden ist, fehlt es bislang an obergerichtlicher Rechtsprechung.)

Nun motzt Wotan den Halb- und Ehrengott Loge an: Er habe doch versprochen, nach einem Ersatz zu suchen, mit dem die Riesen statt der Freia zufrieden sind. »Ja! ha!« sagt Loge darauf, »das stimmt. Ich habe versprochen zu *suchen*. Daß ich auch *finde*, habe ich nicht versprochen, und ich habe nichts gefunden.«

Letzten Endes erklären sich die Riesen bereit, den Schatz des Nibelungen als Äquivalent in Zahlung zu nehmen. Wotan verkauft also etwas, das er noch gar nicht hat, wie überhaupt der gute Gott etwas voreilig ist, wie sich schon beim Auftrag zur Erbauung der Burg gezeigt hat. (So voreilig wie Wagner oft, der zum Beispiel in Paris, als sich nur die vage Hoffnung einer Aufführung einer seiner frühen Opern zeigte, sofort eine luxuriöse Wohnungseinrichtung bestellte.) Aber Loges Schläue gelingt es – eine der genialen

Szenen des miesen Dramatikers und großartigen Szenikers Wagner –, dem Nibelung das Gold wegzunehmen.

Eine Fülle von juristischen Fragen taucht hier auf. Die Wegnahme des Rheingoldes durch Alberich war zweifellos ungesetzlich. (Es sei denn, man betrachte es als herrenlos, womit die Bestimmungen des Schatzfundes nach § 984 BGB anzuwenden wären. Um nicht die juristischen Ausführungen ins Endlose zu ziehen, wird auf die Ausarbeitung dieses Sonderfalles verzichtet.) Ein Erwerb des Rheingoldes durch Wotan über § 929 BGB scheitert an § 932 BGB, denn Wotan ist nicht gutgläubig, im Gegenteil, er weiß aus der vorangegangenen Erzählung Loges genau, daß der Hort den Rheintöchtern abhanden gekommen ist. Außerdem hat Alberich den rohen Goldschatz ver- und bearbeitet. Er hat, so ist aus einer Regiebemerkung in der vierten Szene zu entnehmen, »Geschmeide« aus dem Gold gefertigt, unter anderem den Tarnhelm und den Ring, der der ganzen Tetralogie den Namen gibt, hat also »originäres Eigentum« gemäß § 950 BGB erworben, auch wenn er den Grundstoff seiner Arbeit gestohlen hat. Den Rheintöchtern, oder wer immer Eigentümer war, steht nur noch ein Entschädigungsanspruch nach § 951 BGB zu, der jedoch bis zum Ende der »Götterdämmerung« nicht geltend gemacht wird.

Ein ungelöstes Problem ist: Wie kann Alberich aus dem Rheingold, das nicht mehr als eine Handvoll sein kann, weil er es mit einem Griff wegnehmen konnte, solche Mengen an Geschmeide, Barren usf. fertigen, daß die Nibelungen-Knechte es von Seite 527 der Partitur (Tempobezeichnung »Etwas gedehnt«, Des-Dur) bis Seite 539 (Übergang zu »Mäßig«, E-Dur/e-Moll) schleppen und aufschichten? Hatte das Gold die Eigenschaft, sich zu blähen?

Der Vertrag, den nun Alberich, in Fesseln gehalten von Loge, mit Wotan schließt, ist sittenwidrig, denn Alberich hat unter Zwang gehandelt, das heißt, der Eigentumsübergang ist unwirksam. Allerdings könnte man aus Alberichs Fluch (»Wie durch Fluch er mir geriet/verflucht sei dieser Ring!«) schließen, daß er, nunmehr vom Zwang frei, das unwirksame, sittenwidrige Rechtsgeschäft nachträglich billigt. Den fluchbeladenen Ring will wohl Alberich gar nicht mehr haben. (Eine Zwischenfrage: Ist damit der ganze Hort fluchbeladen? Eine von Wagner nicht beantwortete Frage.) So kann also Wotan das Eigentum an Hort und Ring wirksam den Riesen übertragen.

Der Fluch erfüllt sich sofort: Die Riesen streiten um das Gold, Fafner erschlägt Fasolt und zieht mit dem Hort und dem Ring ab. Auch das ist juristisch zu untersuchen. Nach dem Sinn des Textes hat Wotan den Goldschatz den Riesen zur »gesamten Hand« übertragen. Durch das Erschlagen des anderen Gesamthandeigentümers erwirbt Fafner das volle Eigentum nicht, wohl aber – da von einem anderslautenden Testament nicht die Rede ist – durch gesetzlichen Erbgang, denn Fasolt war (nicht in der mythologischen Vorlage, wohl aber bei Wagner) der einzige Bruder Fafners. Zwar tritt Erbunwürdigkeit nach § 2339 BGB ein, aber es fehlt an der Anfechtung gemäß § 2340 BGB, wobei unklar ist, wer (§ 2341 BGB) anfechtungsberechtigt ist. Das Ganze mag auch dahingestellt bleiben, denn es ist davon auszugehen, daß zwischen der vierten Szene des »Rheingolds« und der zweiten Szene des zweiten Aktes von »Siegfried« mehr als zehn Jahre vergangen sind, so daß Fafner, da gutgläubig hinsichtlich des Rechtes Wotans, ihm das Eigentum zu übertragen, den Schatz ersessen hat (§ 937 f. BGB), und, da sogar wohl mehr als dreißig Jahre vergangen sind, wäre sogar ein Herausgabeanspruch verjährt (§ 194 f. BGB). (Übrigens spricht der sterbende Fafner, dies zur obigen Frage, vom ganzen Schatz als verflucht.)

Eine Frage, die nicht die juristische Sphäre berührt, ist die, warum Wotan so übergroßen Wert darauf legt, wenigstens den Ring aus dem Nibelungenschatz zurückzubehalten. Weil er die Weltherrschaft garantiert? Warum braucht Wotan dazu den Ring, da er ohnedies Weltherrscher und allmächtig ist? Und überhaupt: Alberich ist, wenngleich gefesselt, noch im Besitz des Ringes, ist also allmächtiger Weltherrscher, warum putzt er nicht mit einem Wisch die ganze Göttermischpoke von der Platte?

Es gibt nur *eine* Antwort auf diese entscheidende Frage: Weil sich Wagner dann die Mühe hätte ersparen können, den Rest der Tetralogie zu schreiben.

*

Eine mögliche Erklärung für Wotans so dringenden Wunsch, wenigstens den Ring zu behalten, ist mir während einer besonders langweiligen Passage zugefallen (es war die im übrigen auch völlig überflüssige Rätselszene im »Siegfried«): Wotan ist zwar Weltherrscher, aber nicht ganz. Er hat seinerzeit, das breitet er im langen Gespräch mit Brünnhilde in der 2. Szene des 2. Aktes »Walküre« aus, die Herrschaft durch Verträge erworben, deren Runen im Schaft seines Speeres eingeritzt sind. (Ein schönes Bild, dies nebenbei.) Mit wem er allerdings diese Verträge schloß, bleibt unklar. Mit anderen Göttern? Den griechisch-römischen? Oder womöglich mit der Dreifaltigkeit, damit die die Christianisierung des Nordens noch etwas zurückhält, was ja dann auch geschehen ist, denn Norwegen wurde erst tausend Jahre nach Christus von Wotan wegbekehrt. Es sei dem, wie ihm wolle, Wotan hat diese Verträge geschlossen, »Als junger Liebe/Lust mir verblich, ...« und »nach Macht mein Mut« verlangte. Das heißt, vorher war er so heftig mit Fricka beschäftigt, daß er ans Weltregieren nicht dachte. Erst als die Alte für ihn reizlos geworden war, wollte er sich sozusagen politischen Dingen zuwenden. Dabei störte ihn – so dachte ich, während die ewige Melodiensoße der Rätselszene an mir vorübersuppte –, daß er nur ein Auge hatte, so daß er die Welt, die er, wie die Edda weiß, von seiner göttlichen Fensterbank Hlidskjalf überblicken kann, nicht ordentlich dreidimensional sieht. Das Auge hat er geopfert, um die damals also noch begehrenswerte Fricka (Frigg in der Edda) zu gewinnen. Diese sehr komplizierte Geschichte, die bei Wagner auch nur in einer Bemerkung angedeutet ist, in der Gott Baldr und u. a. ein riesengroßer Kupferkessel eine Rolle spielen, hier zu erzählen, führte wieder einmal zu weit. Hat also Wotan versucht, die Fricka-Erwerbung rückgängig zu machen, da der Liebe Lust ihm verblich, und gegen das Auge zurückzutauschen? Aber daran hinderten ihn die Verträge, die eben vielleicht mit den Unbekannten geschlossen worden waren, die nun Wotans eines Auge hatten. (Was konnten jene damit anfangen? Ungelöste Frage.) Nur der Besitz (genauer wohl: das Eigentum) des Ringes konnte, so überlegte ich, Wotan die zusätzliche Macht verleihen, ohne Vertragsbruch das Auge zurückzubekommen. Da begann die genial instrumentierte dritte Szene des 1. Aktes (tiefes E der Baßtuba, dazu das Flirren der Streicher. An jedem Pulte nur die ersten Spieler), und ich wandte mich wieder der Musik zu.

*

In der »Walküre« prallen die schon genannten divergierenden – um den hochtrabenden Ausdruck zu gebrauchen – Seinsebenen besonders deutlich aufeinander. Wagner scheint das nicht gestört zu haben. Im ersten Akt treten – wenngleich stark heroische – Menschen auf. Das Numinose spielt nur insoweit herein, als das Geschlecht der Wälsungen allerhöchsten Ursprungs ist, denn, so lassen einige Textstellen vermuten, dessen Stammvater Wolfe war ein illegitimer Sohn Wotans mit einer Sterblichen. Nach germanisch-rechtlicher Auffassung, die Wagner entweder bewußt berücksichtigt oder richtig erraten hat, sind die Abkömmlinge von Göttern und irdischen Frauen nicht Halbgötter oder gar Götter, sondern schlicht Menschen. Das Kind folgt der »minderen Hand«, das heißt, erhält den Status des Elternteils mit dem niedrigeren Rang. Der Sohn eines Adeligen mit einer Unfreien ist unfrei. Der Sohn Wotans ist also Mensch. Der Mensch Wolfe oder Wälse, von dem man weiter nichts weiß, hat zwei Kinder, Zwillinge: Siegmund und Sieglinde.

Die Familie Wolfe scheint, vorsichtig ausgedrückt, gesellschaftlich nicht angepaßt gewesen zu sein. Wodurch sie sich bei allen Umwohnenden unbeliebt gemacht haben, verschweigt Wagner. Hundings Äußerung, daß sie wild und ihnen nichts heilig gewesen sei, ist wohl nicht von der Hand zu weisen. Interessant ist, daß dieses Verdikt Wagner der Negativ-Figur in den Mund legt, man also annehmen muß, daß sie – minus mal minus gibt plus – als Lob gemeint ist. Wagners Sympathie lag auf seiten der Gesetzlosen. Freilich.

Eines Tages überfielen die Feinde, »die Neidlinge«, das Haus des Wolfe, während der mit dem Sohn auf der Jagd war, erschlugen die Mutter und raubten die Tochter. Wolfe und Siegmund flohen in die Wälder, wurden weiterhin verfolgt und gejagt, wurden getrennt, Siegmund fand den Vater nicht mehr, nur ein leeres Wolfsfell. Soll das darauf hindeuten, daß etwa gar nicht Wotan der Vater Wolfes, sondern Wolfe selbst war? Wie auch immer. Siegmund versteckte sich weiter im Wald, betätigte sich jedoch als Ritter und Retter der Bedrängten, nämlich einer »Maid«, die von ihren Brüdern gegen ihren Willen einem Ungeliebten verheiratet werden sollte. Siegmund, der offenbar nichts von Verhandlungen und dergleichen hielt, ging den direkten Weg und erschlug die Brüder der Braut. Und was tut die dumme Pute? Sie sinkt jammernd über den Leichen der Brüder zusammen. Kopfschüttelnd sieht das Siegmund, hat allerdings nicht lange Zeit zum Kopfschütteln, denn es kommen fernere Verwandte, denen es fast gelingt, den verhinderten Braut-Retter zu erschlagen. Etwas lädiert, der Waffen beraubt, entkommt er, hängt die Verfolger ab und erreicht so also Hundings Hütte.

Das alles wird in Wagners Drama nur erzählt, wie es überhaupt zu einem der gravierendsten, zur Langweile führenden Schwachpunkte der »Ring«-Tetralogie gehört, daß so vieles nicht gezeigt, sondern nur erzählt wird. (Gelegentlich wird sogar erzählt, was erzählt worden ist und was der Zuschauer eh schon weiß.) Siegmund erreicht Hundings Haus, als dessen Frau allein ist, und er tut, was Wagner in solchen Fällen immer getan hat, er »baggert« (um einen kessen Ausdruck unserer Zeit zu gebrauchen) die Hausfrau an. Er nennt sich »Wehwalt«, weil er vom Unglück, vom Weh verfolgt ist. Hätte er seinen richtigen Namen genannt, hätte Sieglinde ja sofort gewußt, wer er ist.

Hunding kommt heim und unterbricht das »Anbaggern«. (Den Namen Hunding hatte Wagner aus der germanischen Mythologie, aber nur den Namen; der dortige Hunding ist ganz anders.) Hunding verhält sich eigentlich korrekt, ja sogar freundlich. Selbstverständlich dürfe »Wehwalt« bleiben, kriegt sogar zu essen. Freilich fällt ihm die Geschwisterähnlichkeit auf, doch erst als der dümmliche Siegmund seine eben vollbrachten Heldentaten haarklein zum besten gibt, weiß Hunding, wen er vor sich hat, denn er ist einer von denen, die jener von Siegmund teilmassakrierten Familie zu Hilfe geeilt waren, denen dieser entkommen war. Statt ihn, mit Recht, gleich zu erschlagen, handelt Hunding wiederum korrekt: Das Gastrecht schützt den Gast, selbst den Übeltäter, allerdings nur über Nacht. Für den nächsten Morgen fordert er ihn zum Zweikampf. Es ist wieder interessant, wie abwertend Wagner die noble Haltung Hundings (ist es Wesendonck?) darstellt. Sympathisch für Wagner ist der Betrüger und Verräter, der Ehebrecher, der Blutschänder.

Sieglinde, das Luder, mischt ein einschläferndes Kraut in den Schlaftrunk, den Hunding ordert, und als dieser somit ausgeschaltet ist, zeugen Siegmund und Sieglinde, wohlwissend, daß sie ein Zwillingspaar sind, den Siegfried, und außerdem zieht Siegmund ein Schwert aus dem Baumstamm. Das Schwert hatte Wotan vorsorglich hier deponiert, das erzählt (wieder: eine Erzählung) Sieglinde. Bei einer Feier im Haus Hunding erschien ein ungebetener Gast mit Schlapphut, der eines seiner Augen verdeckte (also, das Publikum ahnt es: Wotan, in der Adjustierung, wie er dann im »Siegfried« auftritt). Er hatte ein Schwert dabei, das er in die seltsamerweise innerhalb des Hauses wachsende Esche stieß, und sagte: »Dem gehört das Schwert, der es herausziehen kann!« und verschwand.

Niemand vermochte das, nur jetzt Siegmund. »Dich selige Frau/hält nun der Freund,/dem Waffe und Weib bestimmt!«

Dann, zum Geschlechtsverkehr überleitend, erklingt eine besonders schöne Stelle des »Ringes«: »Winterstürme wichen dem Wonnemond«, ein herzergreifendes Duett. Sehr selten bei Wagner, sowohl herzergreifend als auch Duett.

*

Der zweite Akt spielt wieder in der Existenz-Sphäre der Überwirklichen, die allerdings höchst menschlich reagieren. Wotan erzählt (!) Brünnhilde, was der Zuschauer schon weiß, daß sie und ihre acht Walküren-Schwestern die Früchte eines seiner Seitensprünge, nämlich mit Erda, sind (Neunlinge?). Nun sammle der mächtige Alberich ein Heer, um die Götter zu vernichten. Außerdem habe er, auch zu diesem Zweck, ein Weib vergewaltigt, die darauf einen höchst gefährlichen Sohn gebar. Gemeint ist, wie man erst im übernächsten Drama erfährt, Hagen. Um den Angriff abzuwehren, hat Wotan Brünnhilde und ihre Schwestern beauftragt, besonders kühne erschlagene Raufbolde (sive Helden) einzusammeln und in Walhall für den »Endsieg« in Reserve zu halten.

Doch der Akt fängt damit an, daß Wotan Brünnhilde ausschickt, um Siegmund und Sieglinde zu schützen. Die beiden sind offenbar nach der Zeugung Siegfrieds aus Hundings Haus entflohen, und Hunding verfolgt sie nun. Wotan befiehlt Brünnhilde, Siegmund zum Sieg über Hunding zu verhelfen, diesen dann aber ja nicht nach Walhall mitzunehmen (warum eigentlich nicht?).

»Nun zäume dein Roß,
reisige Maid:
bald entbrennt
brünstiger Streit!«

Ich weiß nicht, ob dieser Vers sich reimen sollte, wenn ja, dann reimt sich »Streit« auf »Maid« nur im Sächsischen. Wotan in Chemnitz gebürtig?

Schon gut, sagt Brünnhilde, gern, doch fürchte ich (ihre Rede ist eine der wenigen gewollt komischen Stellen im »Ring«), du wirst jetzt gleich selbst einen »brünstigen Streit« auszufechten haben, schau, wer da kommt! Fricka kommt auf ihrem von zwei Widdern gezogenen Wagen und tobt. Hunding hat zu *ihr* gebetet, und sie ist die Schützerin der Ehe, und unverzüglich soll Wotan den Ehemann zu schützen befehlen, den Ehebrecher abwürgen. Sie wisse schon – so der Kern der Rede Frickas –, warum Wotan den Siegmund siegen lassen wolle, er sei ja selbst so ein Hallodri, sie erinnere nur an die Affäre mit Erda! Wotan macht keine bella figura in der Szene. Er muckt zwar kurz auf: die Hunding-Ehe sei ja eh schlecht gewesen, unverträgliche Charaktere und so fort, aber dann gibt er, niedergedonnert von Frickas Gardinenpredigt, klein bei und widerruft, nachdem Fricka abgezogen ist, den vorher gegebenen Befehl. Rin in die Kartuffeln, raus aus die Kartuffeln, sagt Wotan sinngemäß, und so wenig wehrst du dem Weib wie dem wilden Wasser – ich bitte die gehäuften Stabreime zu beachten, nicht von Wagner in dem Fall, sondern von mir – also: nicht Hunding, sondern Siegmund ist zu erledigen. Er setzt dann zu einem langen Jammermonolog an: Wer weiß, es ist ohnehin besser, wenn ein freier, frecher Held den Ring zurückgewänne (gemeint ist selbstredend der noch ungeborene Siegfried), einer, der Gesetz und Ordnung mißachtet, nur der kann dem Fafner den Ring wegnehmen, das Unheil abwenden, denn er selbst, Wotan, kann die Tat nicht vollbringen, er ist durch Vertrag gebunden. Gemeint ist wohl der Kaufvertrag, das heißt, genauer gesagt, jenes Restitutionsgeschäft: Nibelungenhort gegen Freia. Zum Schluß überkommt ihn grenzenloses Selbstmitleid:

»Fahre denn hin,
herrische Pracht,
göttlichen Prunkes
prahlende Schmach!
Zusammen breche,
was ich geplant!
Auf geb ich mein Werk:
nur eines will ich noch,
das Ende –
das Ende!«

(Mancher Zuschauer hat das in den langen Stunden der Aufführungen auch gedacht.)

Die Szene wendet sich nun Irdischem zu, wobei allerdings als existentieller Fremdkörper die überirdische Brünnhilde hereinspielt. Siegmund und die seit einigen Stunden schwangere Sieglinde rasten auf der Flucht. Sieglinde schläft erschöpft ein, Brünnhilde erscheint und singt, daß nur Todgeweihte sie sehen können und daß also Siegmunds letztes Stündlein gekommen sei. Aber sie will ihm die Sache versüßen: Er kommt nach Walhall, dort warten fröhliche Helden auf ihn, ausgesuchte Raufbolde, darunter Siegmunds Vater Wälse, außerdem schnuckelige »Wunschmädchen«, die »traulich den Trank« reichen. Nein, danke, sagt Siegmund, »– grüße mir Walhall, grüße mir Wotan ...«, er bleibe lieber hier. Nicht ganz unverständlich. Nichts da, sagt Brünnhilde, *du* stirbst im Streit mit Hunding. Dann, so Siegmund, stirbt auch Sieglinde von meiner Hand, und er droht, die Schlafende zu erstechen. Das kann Brünnhilde nicht mit ansehen, gut, sagt sie, also dann doch Siegmund den Sieg, Hunding den Tod. Ein Gewitter zieht auf, Blitz und Donner, eine wilde Szene, da ist Wagner ein wirklicher Opernaktschluß gelungen – Siegmund kämpft mit Hunding, Sieglinde schreit, Brünnhilde will Siegmund helfen, Wotan taucht auf: Hab ich mir's doch gedacht, schreit er, hilft das Gör gegen mein Gebot (Stabreim von mir!), er läßt Siegmunds Zauberschwert in Stücke zerfallen. Hunding tötet Siegmund, Brünnhilde reißt Sieglinde aufs Pferd und schnell ab mit ihr, Wotan erledigt dann mit einer Handbewegung Otto Wesendonck, Pardon, Hunding und schimpft dann auf Brünnhilde, die seinen Befehl mißachtet hat. Wart nur, grollt er, wenn ich dich erwische. –

Das passiert dann im dritten Akt. Da ertönt zwar zunächst der großartige, den Doppler-Effekt vertonende Walkürenritt, die acht anderen Walküren reiten herein, und Brünnhilde erzählt (!) ihnen umständlich – was der Zuschauer schon vor der zweiten Pause gesehen hat – die Vorfälle vom Ende des vorangegangenen Aktes. Dann – auweh, jetzt kommt er – erscheint Wotan. Er hält der Brünnhilde eine geharnischte Strafpredigt: drei Tage Stubenarrest – nein, schlimmer:

»Wunschmaid bist du nicht mehr,
Walküre bist du gewesen.«

Vom Dienst suspendiert also ... Ist das nicht etwas unverhältnismäßig, juristisch gesehen? Die anderen Walküren treten ab – und nun dreht Brünnhilde den Spieß um: Mach dich nicht an, Papá! War es nicht eigentlich das, was du wirklich gewollt hast? Hast dich leider nur nicht getraut, aus Angst vor deiner Alten, mir das zu befehlen, was du im Innersten wünschtest? Habe nicht *ich* die Kastanien aus dem Feuer geholt, weil du dir nicht die Finger verbrennen wolltest? Wieder macht Wotan eine ganz schlechte Figur: Ja, schon, hm, eigentlich hast du recht. – Und *ob* ich recht habe, du Schlappschwanz, wenn du den Ausdruck für den Moment erlaubst. Und was jetzt? Bleibe ich Walküre oder wie oder was?

Ja, leider, leider kann er, Wotan, den einmal gegebenen göttlichen Befehl nicht widerrufen – seltsam, den Befehl im zweiten Akt, Hunding zu töten, konnte er ohne weiteres widerrufen –, er kann ihn jedoch modifizieren. Brünnhilde wird in Schlaf versenkt, um sie zaubert er (das besorgt Loge, der allerdings nicht persönlich auftritt) einen Feuerkranz, der Brünnhilde vor Zudringlingen schützt. Nur einer, der Wotans Speer nicht fürchtet, also der gewaltigste Held (wer wohl? Das Siegfried-Motiv ertönt im Orchester) kann den Feuerkranz durchbrechen. Und dann kommt

»Leb wohl, du kühnes,
herrliches Kind!«

eine der schönsten Passagen des »Ringes«, die einen dann mit allen dramatischen Ungereimtheiten versöhnt.

*

Die Meinung, Wotans resignierende Haltung, sein Wunsch nach dem »Ende«, sei dem Einfluß Schopenhauerschen Pessimismus auf Wagner zuzuschreiben, ist nicht haltbar, denn nahezu die gesamte »Ring«-Dichtung – mit Ausnahme nur des endgültigen Schlusses der »Götterdämmerung« – hat Wagner geschrieben, bevor er die Werke Schopenhauers kennengelernt hatte. Abgesehen davon ist Schopenhauers Pessimismus, sein Lob des Eingehens ins Nirwana, eher ein etwas anderer Optimismus, bei Licht besehen. –

Bemerkenswert ist eine Stelle im »Walküre«-Text, die Wagner bei der Komposition gestrichen hat. Die Gardinenpredigt der Fricka, ohnedies schon in der komponierten Fassung tödlich langatmig und musikalisch matt, war in der ursprünglichen Gestalt noch viel länger. Doch in ihr findet sich der Wotans Charakter im Grunde genommen vernichtend beurteilende Satz Frickas:

»Schwache beschirmst du nie,
Starken stehst du nur bei:
der Männer Rasen
in rauhem Mut,
Mord und Raub
ist dein mächtig Werk ...«

Das nimmt sich aus wie Nietzsches philosophische Kraftmeierei, vorweggenommen, denn auch die Werke Nietzsches (der um die Zeit der »Ring«-Dichtung ja noch ein Kind war) konnte Wagner da noch nicht kennen. Wagner läßt dies unwidersprochen von einer Negativ-Figur, als die Frickas zweifellos vom Autor gemeint ist, über eine Positiv-Figur, nämlich Wotan, sagen, woraus zu schließen ist, daß er, Wagner, diese Aussage Frickas bejaht: eine zutiefst unchristliche Haltung. Wagner, der Heide – blieb Heide trotz seines späteren Kuschens vor der bigotten Cosima, vor der er eingegangen ist wie böhmische Leinwand oder eben wie Wotan vor Fricka. Der »Ring«, eine Autobiographie?

*

Weil mehrfach vom »Motiv« im Sinn von »Leitmotiv« hier die Rede war, ein Einschub dazu. Der Begriff stammt nicht von Wagner selbst, doch das, was er bezeichnet, sehr wohl. Schon bei Mozart, Beethoven, besonders Weber und Berlioz hat es leitmotivische Momente gegeben, aber von Wagner wurde dies zum – noch dazu philosophisch begründeten – Stilprinzip gemacht. Unter »Leitmotiv« versteht man jene musikalisch-thematischen Versatzstücke, die bei Bedarf immer wiederkehrend Personen, Gegenstände, Situationen bezeichnen, Assoziationen, Erinnerungen wecken. Anders ausgedrückt: Das Orchester »erzählt« mehr, als der Text verrät, als auf der Bühne zu sehen ist. Ein Beispiel: In der »Walküre«, im ersten Akt/erste Szene erzählt Siegmund, daß er bei der Verfolgung durch die Feinde von seinem Vater Wälse getrennt worden ist, daß er ihn nie wiedergesehen, nur im Wald einen leeren Wolfsbalg gefunden habe. An der Stelle erklingt sozusagen im Hintergrund:

Walhall-Motiv (b)
Ruhiges Zeitmaß

Das ist das »Walhall-Motiv«, der fortgeschrittene Wagnerianer weiß also damit: Wälse ist in Walhall, wird im urgermanischen Paradies von Wunschmädchen umschmeichelt.

Leitmotive gibt es im »Ring« für alles und jedes, und vor allem für alle. Wagner hat sie sehr sorgfältig gearbeitet, und es ist zu bemerken (ich verdanke diese Einsicht einem verstorbenen Freund, dem Schriftsteller und Musiker Helmut Schinagl), daß Leitmotive, die Gegenstände oder Orte bezeichnen, häufig Dreiklangzerlegungen, fanfarenartig sind, wie das eben zitierte »Walhall-Motiv« oder eines der berühmtesten, das »Schwert-Motiv«:

Leitmotive, die Personen bezeichnen, sind in der Regel diatonisch, bleiben innerhalb der Tonart, wie ein anderes bekanntes, das »Siegfried-Motiv«:

Chromatisch gehalten dagegen sind die Leitmotive, die auf Abstraktes, Seelenzustände und dergleichen hinweisen, etwa das »Liebes-Motiv«:

Leitmotive gibt es sonder Zahl, vom »Entsagungs-Motiv«, »Vertrags-Motiv« (also ein juristisches solches, genauere juristische Aufschlüsselung hat Wagner allerdings nicht gegeben, ein »Kommissionsvertrags-Motiv«, ein »Gutgläubiges-Eigentumserwerbs-Motiv«, ein »Gesetzliches-Erbschafts-Motiv« gibt es nicht), vom »Nibelungen-Motiv«, »Nibelungenhaß-Motiv«, »Siegmunds Erschöpfungs-Motiv« bis zum »Aufregungs-Motiv« und »Naturweben-Motiv« reicht die Palette, ein »Buch der Motive« von Lothar Windsperger zählt nicht weniger als deren hundertvierundneunzig. Auch der fortgeschrittene Wagnerianer braucht sich nicht alle zu merken. Die Bezeichnungen rühren übrigens nicht von Wagner her, sondern von späteren musikalischen Erbsenzählern. Sie erinnern unfreiwillig an die teilweise schon abstrusen »Meistersinger-Weisen«, die im ersten Akt jener Oper pedantisch und ironisch aufgezählt werden.

*

Zwischen »Rheingold« und »Walküre« vergehen sozusagen Ur-Zeiten, zwischen »Walküre« und »Siegfried« ungefähr zwanzig Jahre, denn solches Alter hat Siegfried erreicht, den Sieglinde, offensichtlich von der Walküre a. D. ziemlich achtlos im Wald zurückgelassen, in den Wehen ächzend vom Zwerg Mime gefunden, in dessen Höhle zur Welt gebracht hat und, nicht verwunderlich angesichts der unhygienischen Umstände, bei der Geburt gestorben ist.

Mime, der Bruder Alberichs, ein Nibelung also und, so scheint's, so unsterblich wie die Götter, hat die Jahre (tausend Jahre?) zwischen »Rheingold« und dem ersten Akt »Siegfried« als Schmied überstanden, ist zwar alt, aber immer noch kregel. Aus der böswilligen (von Wagner bejahend gemeinten) Beschreibung Mimes, die Siegfried am Anfang der ersten Szene gibt:

»Seh ich dich stehn,
gangeln und gehn,
knicken und nicken,
mit den Augen zwicken...«

und der näselnden Weise, in der – so komponiert – Mime singt, schließt man wohl mit Recht, daß hier Wagner, wenngleich versteckt, seinem Antisemitismus ausnahmsweise freien Lauf gelassen hat. Es deckt sich mit dem, was in seinem Antisemitismus-Geseich geschrieben steht.

Mime hat Siegfried aufgezogen, nicht ohne eigenes Interesse, denn er möchte den Nibelungenschatz wiedergewinnen, von dem er weiß, daß der Riese Fafner, nun Drache, ihn bewacht. Dabei muß er auch noch seinem ungeliebten Bruder Alberich zuvorkommen, der ebenfalls auf Gelegenheit lauert, sich des Hortes und vor allem des

Ringes zu bemächtigen. Mime hofft, sich mit Siegfried den Helden heranzuziehen, der einzig in der Lage ist, den Drachen Fafner zu besiegen. Er rechnet dabei mit Siegfrieds Dummheit, der sich damit begnügt, den Drachen besiegt zu haben, so denkt Mime, und den Wert des Horts nicht erkennt. Doch es ist nicht so, daß Wagner die Figur des Siegfrieds als Dümmling zeichnen wollte. Er ist ihm nur, verräterischerweise, so geraten. Er, Wagner, der kleine Intrigant, Lavierer, Schmeichler, eher ein Mime, wäre gern der freie, weltverachtende Held gewesen – sprich: der kraftstrotzende Idiot. (Im »Parsifal« dann heißt er: »der reine Tor«.)

Siegfried, dem Mime widerwillig erzählt, daß er nicht sein, Mimes, Sohn ist, ihm seine wahre Herkunft offenbart und ihm die zerbrochenen Stücke jenes Schwertes übergibt, das in der »Walküre« die erwähnte Rolle gespielt hat, schmiedet unter Absingen des schwungvollen Schmiedeliedes das Wunderschwert neu, *Nothung* heißt es, »neidliches Schwert«. Und dann marschiert Siegfried brav hinter Mime her in den Wald, zu der Stelle, wo Fafner haust.

Auffallend ist Siegfrieds Undankbarkeit. Wenn auch nicht ohne (erhofften) Eigennutz, hat Mime Siegfried großgezogen. Ohne Mimes Sorge wäre das Kind umgekommen. Er hat es Schmieden gelehrt, hat es versorgt und behütet. Siegfried dankt es ihm mit höhnischer Verachtung, die Wagner keineswegs verurteilt, die er – die Musik drückt es aus, verrät es – sogar lobt. Ähnelt das Wagners eigenem Verhalten Otto Wesendonck gegenüber? König Ludwig? Nietzsche? Der »Ring«, eine unfreiwillige Autobiographie? Ludwig Marcuse in seiner höchst lesenswerten Wagner-Biographie »Das denkwürdige Leben des Richard Wagner« deutet so die Tetralogie.

Bevor Mime und Siegfried zur Fafner-Höhle aufbrechen, ereignet sich eine der langweiligsten Szenen im ganzen »Ring«. Während Siegfried, so scheint es, außerhalb der Bühne im Wald herumtollt, erscheint Wotan, der sich »Wanderer« nennt. Er vereinbart mit Mime – warum, wird eigentlich nicht klar –, daß man sich gegenseitig je drei Rätsel aufgibt, und vereinbart sogar – völlig hanebüchene Dramaturgie, denn das ist gänzlich unmotiviert –, daß als Preis das eigene Leben eingesetzt wird. (Kann das eigentlich ein Gott? Oder handelt Wotan tückisch? Tückischer als der tückische Mime, den Wotan sogar einmal, wohl versehentlich, »ehrlicher Zwerg« nennt?) Die Rätsel sind so einfach, daß selbst der Dümmste sie lösen könnte. Nur der Zwerg weiß die letzte Frage Wotans nicht zu beantworten, wer aus den Stücken des Schwertes den »Nothung« schmieden kann. Wotan gibt selbst die Antwort: »– wer das Fürchten/ nie erfuhr.« Also Siegfried. In der folgenden Szene verwendet dann Wagner das Motiv des Märchens von dem, der auszog, das Fürchten zu lernen, allerdings ohne den Schluß.

In der Rätselszene wird, was zur Langeweile beiträgt, noch einmal erzählt, was der Zuhörer schon weiß, nämlich die Geschichte von Fafner und Fasolt aus dem »Rheingold« sowie der Anfang und der Schluß der »Walküre«. Endlos. Wieder denkt vielleicht jener Zuschauer: »Nur Eines will ich noch: das Ende ...« Ob es einmal eine kühne, respektlose Inszenierung gibt, die diese überflüssige Szene streicht?

*

Auch Alberich hat die tausend Jahre zwar grollend, ansonsten jedoch unbeschadet überlebt und sitzt wie die Katze vor dem Mausloch in der Nähe der »Neidhöhle«, also dem Drachenloch, und wartet – worauf ist nicht ganz klar. Daß der Drache eingeht? Der »Wanderer« kommt, Alberich erkennt ihn auf den ersten Blick. Gottlob kommt Wagner nicht auf die Idee, auch hier zweimal drei Rätsel anzubringen, es wird nur nochmals die Riesengeschichte aus dem »Rheingold« wiedergekaut, und dann warnt Wotan – warum? auch das ist unklar – vor Alberichs Bruder, weckt den Drachen und warnt auch diesen, daß sein Mörder quasi schon unterwegs sei. Fafner schlägt die Warnung in den Wind:

»Ich lieg und besitz:
laßt mich
(gähnend)
schlafen!«

Warum warnt Wotan den Wurm? (Wie einem die Stabreime nur so aus der Feder fließen, wenn man an Wagner sich wagt.) Das hat allerdings seinen Grund. Aus der »Walküre« wissen wir (wieder ein Stabreim), daß nur der völlig unabhängige Held, ganz ohne göttliche Hilfe, den Ring zu erringen vermag. Wotan darf also nicht helfen, und er setzt noch eins drauf, er arbeitet sogar *gegen* Siegfried, indem er den Fafner warnt. Auch wagnerisch? Zumindest im »Ring« hat Wagner immer wieder eins draufgesetzt, die Rätselszene etwa, drum ist er so lang geraten. Immerhin wird expressis verbis im Streit Wotans mit Alberich die Frage beantwortet, was eigentlich mit dem Ring in der langen Zeit seit »Rheingold« los war. Abgesehen vom anfänglichen tödlichen Streit unter den Riesenbrüdern hat weder der Fluch etwas bewirkt, noch hat Fafner von der Möglichkeit der Weltherrschaft Gebrauch gemacht. Wotan hat, scheint's auch ohne Ring, in Ruhe weiterregiert. Alberich sagt es: Die Riesen sind zu dumm, um die Kraft des Ringes zu erkennen. Es war also gar nichts los.

Der »Wanderer« verschwindet, Alberich versteckt sich, Mime und Siegfried kommen, Mime zeigt Siegfried den Eingang der »Neidhöhle«, verzieht sich dann, hoffend, Siegfried und Drache würden einander umbringen. Retardierendes Moment: Siegfried ruht sich aus, das mit Recht berühmte Salonstück »Waldweben« erklingt. Die reinen Orchesterpiècen im »Ring« sind das schönste, inspirierendste daran. Warum nur hat Wagner den Text drumherum komponiert? Und seine verquere Philosophie?

Wie nicht anders zu erwarten, ersticht Siegfried den Drachen, dessen Blut ihm auf die Hand spritzt, die Siegfried unwillkürlich in den Mund steckt, also Drachenblut leckt, und sieh' da: Er versteht die Sprache der Vögel. Das Waldvöglein, ein bei Wagner sonst nie vorkommender Koloratursopran, verrät Siegfried, daß da drinnen in der Höhle der Hort liege und Ring und Tarnhelm. Wobei bei Tarnhelm Wagner ein Lapsus unterlaufen ist: Fafner hat sich mit Hilfe des Tarnhelms, der ja nicht nur tarnt, sondern auch verwandeln kann, in Drachengestalt begeben. Er trägt ihn also als Drache, und Siegfried müßte ihn so vom Drachen klauben, wie ihn Loge einst von dem zur Kröte mutierten Alberich geklaubt hat, und aus dem toten Drachen müßte ein toter Fafner werden.

Hier steigt Siegfried nun in die Höhle und kommt, Ring und Tarnhelm in der Hand, später wieder daraus hervor. Den Hort hat er liegengelassen, von dem ist auch im

Restlichen nicht mehr die Rede. Es folgt dann eine in der Tat köstliche Szene. Siegfried kann (war das auch das Drachenblut?) nun auch Gedanken lesen, und während Mime meint, beruhigend-schmeichelnd zu reden, versteht Siegfried, was Mime wirklich vorhat, nämlich ihm einen Schlaftrunk einzuflößen und ihm dann im Schlaf den Kopf abzuhacken. Eine Meisterleistung des Szenenerfinders Wagner: Blumig vertont ist blutiger Text... Siegfried macht kurzen Prozeß, erschlägt Mime. Das Waldvöglein verrät ihm dann, daß »das herrlichste Weib:/auf hohem Felsen sie schläft...« – »Wo?« fragt Siegfried. »Du brauchst mir nur zu folgen«, singt das Waldvöglein.

Daß das herrlichste Weib seine Stief-Großtante ist, verrät ihm das Waldvöglein nicht.

*

Der »Wanderer« tritt, nachdem er noch zu Beginn des dritten Aktes die Ur-Wala Erda kurz aufgeweckt und sie wieder in den nun ewigen Schlaf geschickt hat, dem Siegfried entgegen, der auf dem Fußmarsch zum feuerumloderten Felsen begriffen ist. Er tut so, als wolle er Siegfried von dem Abenteuer abhalten – wieder ein künstliches Hindernis, das Wotan aufbaut in der Hoffnung, Siegfried werde es überwinden, was der auch tut und dabei Wotans Speer in zwei Stücke zerschlägt. Zufrieden taucht Wotan ab, um im Rest der Tetralogie nie mehr auch nur einen Ton zu singen. Siegfried erstürmt den Felsen, durchbricht die Lohe, erweckt seine Stief-Großtante. »Heil dir, Sonne! Heil dir, Licht!« singt sie, und nach einem ausführlichen Liebes-, nicht -duett, sondern -wechselgesang, sinken sie einander in die Arme.

Die Diskrepanz, daß hier Numinoses, nämlich die offensichtlich ewig junge, in zwanzig Jahren Heilschlaf knusprig gebliebene Brünnhilde sich mit dem sterblichen Menschen Siegfried vermischt, hat Wagner nicht gestört, ist ihm vielleicht gar nicht aufgefallen. Sie fällt auch dem Zuhörer kaum mehr auf, der ja um die diversen Gspusis von (Halb-)Göttern mit Sterblichen längst weiß.

*

Der letzte »Tag« der Tetralogie, die »Götterdämmerung«, hat drei Akte und ein Vorspiel. In diesem findet sich wieder so eine absolut überflüssige Szene, eine Art gesungener Reigen der drei Nornen, die einander nur das erzählen, was im letzten Akt »Siegfried« der Zuschauer gehört und gesehen hat. Interessanter ist die zweite Szene des Vorspiels: Siegfried hat offenbar eine Zeitlang bei Brünnhilde verbracht, scheint lustig gewesen zu sein dort auf dem Felsplateau, großen Wert auf Komfort scheinen die beiden nicht gelegt zu haben. Wovon haben sie gelebt? Nur von der Luft und der Liebe? Der Abtritt, den vielleicht die gottähnliche, verdauungsunbedürftige Brünnhilde nicht, wohl aber nach menschlichem Ermessen Siegfried braucht, liegt wohl hinter dem Felsen außerhalb des Bühnenbildes.

(Ist es unschicklich, solche banalen Fragen aufzuwerfen? Vielleicht, denn es geht ja in solchen Tragödien wie im »Ring« um das Höhere, das Prinzipielle, das Weltenbewegende. Dennoch ist die Frage nach dem Abtritt – dieser als pars pro toto genommen – berechtigt, denn sie zeigt, wie brüchig, wie verletzlich, ja wie letzten Endes kartenhäusisch derlei Erhabenheit ist. Man stelle sich etwa vor, Siegfried erscheine mit einem Regenschirm …)

Lang hielt es Siegfried bei Brünnhilde nicht aus, denn er ist schließlich von Beruf *Held* (in einem Personenverzeichnis Nestroys würde es heißen: »Siegfried Wälsunger, bürgerl. Held und erbländisch privileg. Drachentöter«), und der muß, wie Hagen später von ihm sagt, »auf Taten wendig umher(jagen)«. Brünnhilde sieht das ein und läßt ihn ziehen, schenkt ihm sogar ihr Roß Grane, Siegfried dafür ihr den Ring, von dessen Kraft sie komischerweise nichts weiß, obwohl sie ja eigentlich die ganze Geschichte bis einschließlich »Walküre« dritter Akt mitgekriegt hat. Ein Denkfehler Wagners, gestatten zu bemerken.

*

Die Szene wendet sich dann wieder der sozusagen weltlichen, diesseitigen Ebene zu, wobei erstaunlich und unerklärt ist, wie leicht Siegfried von jener in diese wechselt, dort wie hier als Mensch handelt und als Held. Es ist dies die erwähnte Durchbrechung dessen, was ich die seit der Antike geltende dramatische Zentralperspektive nenne. Dort und auch in der theatralischen Kunst bis ins 19. Jahrhundert war es ungeschriebenes Gesetz, daß sich göttliche und irdische Ebene nicht mischen: oben die Götter, unten der Mensch. Freilich geriet ab und zu einer oder eine von dort nach da, das war dann jedoch Kern der Handlung, nicht Selbstverständlichkeit wie bei Wagner.

Von der ersten Szene des ersten Aktes an beherrscht nun die schillerndste Figur dieses Teils des »Ringes« das Geschehen: Hagen, der im Altnordischen Högni oder Hogni, norwegisch Haakon (Hokun ausgesprochen) heißt und der auch im »Nibelungenlied« eine große Rolle spielt.

»Hagen der Tronje«, wie er in manchen Überlieferungen heißt, ein Vetter Gunthers und seiner Brüder, ist bei Wagner ein illegitimer Halbbruder Gunthers und, was wir aus dem »Siegfried« wissen, der Sohn Alberichs, also ein Halb-Nibelung. Es muß also Gunthers Mutter, die Königin der Burgunder (die in der »Götterdämmerung« Grimhild genannt wird, allerdings nicht auftritt), sich gelegentlich mit dem Zwerg außerehelich vergessen haben. (In manchen Überlieferungen wird der Beiname Hagens »Tronje« mit »Troja« in Verbindung gebracht und die Nibelungensage mit dem Trojanischen Krieg verknüpft.) Hagen sinnt darüber nach – in der ersten Szene –, daß die Nachfolge in dem Königtum der Burgunder nicht gesichert ist, denn sowohl Gunther als auch seine einzige Schwester, sie heißt bei Wagner nicht Kriemhild, sondern Gutrune, was Wagner wohl für älter gehalten hat, sind unverheiratet und ohne legitime Nachkommen. Nicht nur, daß wir damit aus dem germanischen Götterhimmel in die Welt herabgestiegen sind, wir sind es auch von den Urzeiten in historisch definierte Zeit: das Burgunderreich am Rhein (nicht zu verwechseln mit dem späteren burgundischen Königreich Arelat oder dem noch späteren französischen Herzogtum Burgund, der Bourgogne) existierte in der Gegend von Worms vom Beginn des 5. Jahrhunderts (nachweislich seit 413) bis zur Vernichtung durch die Hunnen 437. Der König hieß Gundahar, und, dies wurde schon erwähnt, die Katastrophe der burgundischen Niederlage gegen die Hunnen ist ein Kern der Sage.

Hagen setzt Gunther, seinem königlichen Bruder, einen Floh ins Ohr: Da gibt es ein herrliches Weib, Brünnhilde, schwer zu kriegen, aber erstklassig. Die ist ein solches Kraftweib, daß nur der ausgemachte Hauptheld Siegfried, der schon mit anderen Drachen fertig geworden ist (ha, ha – kleiner Scherz), in der Lage ist, sie zu zähmen. Und den Siegfried könnte man mit der Hand der schönen Gutrune bestechen. König Gunther ist begeistert, Gutrune auch, nur, wo ist dieser Siegfried? Hagen: Trara, er ist schon da. Tatsächlich kommt er eben wie weiland Lohengrin mit dem Kahn auf dem Rhein um die Ecke gebogen. Er war länger unterwegs, vom Isenstein, der vielleicht Island ist, durch die Nordsee, dann den Rhein aufwärts, hatte keinen Schwan, der ihn zog, mußte rudern, schwer rudern, weil er noch dazu das Pferd Grane dabeihatte. Das Zwischenspiel nach dem Vorspiel und vor dem ersten Akt schildert diese Reise, »Siegfrieds Rheinfahrt« genannt, ein mitreißendes Orchesterstück, eine der Piècen, die für langweiligen Sprechgesang entschädigen. Dieses Orchesterstück ist, soweit ich es überblicke, die einzige Stelle, an der Wagner ein Glockenspiel verwendet; sonst hatte er ja, mit Ausnahme der Pauken, die er virtuos einsetzte, mit so Firlefanz von Schlagzeug nicht viel im Sinn. Das Glockenspiel hier in »Siegfrieds Rheinfahrt« klingt wie Uhrwerk. Das brachte mich schon früh auf den Gedanken, daß »Siegfrieds Rheinfahrt« nicht rheinaufwärts, sondern rheinabwärts führte. Wenn schon, wie beschrieben, Walhall in Graubünden angesiedelt ist, warum dann nicht auch der Isenstein? Deutet das Uhrwerk an, daß Siegfried da grad bei IWC Schaffhausen vorbeifährt?

Siegfried ist also da. Es erhebt sich das Problem, daß der Held ja mit Brünnhilde ... nein, verheiratet nicht – wie nannte man das zu Richards und Cosimas Zeiten? – in Gewissensehe verbunden ist. (»Unter Tränen und Schluchzen besiegelten wir das Bekenntnis, uns einzig gegenseitig anzugehören.«) Wie also bewerkstelligen, daß Siegfried für

Gunther um seine eigene Geliebte wirbt? Wagner greift zum billigsten Mittel, das schon immer auf dem Theater über die Schwierigkeiten hinweggeholfen hat: zum Zaubertrank. Die tückische Gutrune reicht ihm diesen, der offenbar in der Gibichungen-Hausapotheke vorrätig ist, als vermeintlichen Willkommenstrunk. (Gibich, so lautet der Familienname Gunthers und Gutrunes.) Siegfried trinkt und hat unverzüglich Brünnhilde und alles vergessen. Wieder einmal ist einer also unschuldig schuldig. Trank Wagner auch dergleichen, als er von Mathilde Wesendonck zu Mathilde Maier, zu Cosima von Bülow umschwenkte? Binnen weniger Monate? –

Es kommt dann, wie in der Sage vorgezeichnet: Siegfried macht sich auf die Reise zum Isenstein, den Weg dahin hat er durch den Trank offenbar nicht vergessen. Dort wartet Brünnhilde – muß scheußlich langweilig sein, zumal sie wohl an Schlaflosigkeit leidet, kein Wunder nach zwanzigjährigem Dauerschlaf –, eine kühne neue Inszenierung könnte sie vor einem Fernseher sitzend zeigen ... Oder wenigstens Kreuzworträtsel lösend aus dem »Walhall-Kurier«, den wöchentlich das Postboot vorbeibringt, der Schiffsjunge unter einen Stein legt.

Kurz bevor Siegfried erscheint, kommt noch eine der Walküren-Schwestern, Waltraute, erzählt, was die Langeweile befördert, ausführlich, was der Zuhörer schon weiß, nämlich was in den zwei Szenen kurz zuvor in der Gibichungenhalle passiert ist. Außerdem warnt sie Brünnhilde: Sie soll den Ring, den ihr Siegfried gegeben hat, in den Rhein werfen, er bringe Unglück. Wie nicht anders zu erwarten, schlägt Brünnhilde den Rat in den Wind.

Nun kommt Siegfried, den Tarnhelm übergestülpt, sieht also aus wie Gunther, bezwingt das starke Weib im Ringkampf und nimmt sie mit nach Worms. Man würde eigentlich erwarten, daß Wagner, der geniale Szeniker, sich die Gelegenheit nicht entgehen habe lassen, hier ein Spielelement der »split information« zu benutzen, nämlich die Bühnenrolle Siegfrieds vom Bühnen-Gunther spielen zu lassen. (»Split information« bedeutet, der Zuschauer weiß mehr als die handelnden Personen oder auch umgekehrt.) Nein, er läßt, ziemlich phantasielos, Siegfried nur mit verstellter Stimme singen. Kann der Tarnhelm zwar die Gestalt, nicht aber die Stimmlage ändern? Aus einem Tenor keinen Bariton machen?

Wie dem auch sei – Siegfried entreißt Brünnhilde den Ring, auch daran, daß der von ihm stammt, erinnert er sich nicht, und nun beginnt der zweite Aufzug. Wenn man bei dem Waltrauten-Geseire vorhin eingeschlafen ist, heißt es, bitte, hier aufwachen, denn die Ansprache des aus dem Nichts aufgetauchten Alberich an den schlafenden Hagen ist eine der vokalen Glanzstellen des »Ringes« und wirklich ergreifend:

»Schläfst du, Hagen, mein Sohn?«

Wieder einmal folgt, mit Alberichs Rede, eine Erzählung dessen, was der Zuschauer längst seit dem »Siegfried« weiß, vom Drachentod, vom Speerzertrümmern, immerhin aber berichtet Alberich, daß Wotan und seine Sippschaft nun machtlos und zitternd in Walhall sitzen und das unabwendbare Ende kommen sehen. (Eigenartigerweise weiß Alberich aber offenbar nicht, daß – nicht unwichtig – Siegfried den Ring Brünnhilde gegeben hat.) Alberich flüstert Hagen ein – der schläft, laut Regiebemerkung, mit offenen Augen, läßt die Einflüsterung nur in sein Unterbewußtsein sinken –, Siegfried zu töten, den Ring an sich zu nehmen und somit die Weltherrschaft zu erringen.

Gunther, die verständlicherweise mißmutige Brünnhilde und Siegfried kommen an, dieser in seiner eigenen Gestalt. Der Gedanke dazu wurde oben schon angemerkt: Wieso merkt man nichts von der Hornhaut nach dem Drachenbad? Siegfried muß ja, mit Ausnahme jener Lindenblattstelle am Rücken – die bei Wagner übrigens keine Rolle spielt –, überall, im Gesicht und überhaupt, selbst an den Geschlechtsteilen, ausgesehen haben wie eine panzerüberkrustete Echse, vielleicht mit Schuppen? Ein Monster. Daß das alles unbemerkt bleibt? Da hat Wagner wieder einmal dramaturgisch geschludert (haben, muß gerechterweise gesagt werden, seine mythologischen Quellen auch), doch *ich* schiebe die Erklärung nach: Siegfried trägt *immer* den Tarnhelm, und zwar mit dem Befehl, ihn in »Siegfried-ohne-Drachenhaut« zu verwandeln.

Als die drei in Worms per kgl. burgundischem Rhein-Schiffs-Verkehr wieder anlanden – feierlich begrüßt von Gutrune, Hagen und »den Mannen« –, kommt es, wie nicht anders zu erwarten, zum Skandal. Brünnhilde sieht an Siegfrieds Finger (warum da erst und nicht schon auf der Fahrt?) den Nibelungenring, den ihr ja »Gunther« genommen hat. Sie fragt. Siegfried ist dumm oder nicht schlagfertig genug, eine Ausrede zu finden. Es wäre leicht gewesen: »Was für einen Ring? Ach, den da. Gunther hat ihn mir gegeben, der Gute, weil er zwei hatte und ich keinen.« Er sagt statt dessen: »Nö, von Junthern hab' ich'n nich.« Gunther ist etwas schlauer: »*Den* Ring? Sieht ja einer aus wie der andere. Welchen Ring meinst du?« Brünnhilde: »Und wo, bitte, ist dann der Ring, den du mir genommen hast?« Da muß Gunther betreten schweigen, und sie, die nun Lunte riecht, bricht in lautes Geschrei aus, und Hagen, der ja alles weiß, gießt noch Öl ins Feuer und unkt für die nicht Eingeweihten ebenso wie für Brünnhilde rätselhaft: »Ob da nicht doch am Isenstein was war zwischen Siegfried und Brünnhilde?« Siegfried schreit: »Aber nein! Ehrlich!« (Er glaubt, nicht zu lügen, als »Gunther« hat er ja tatsächlich nicht mit Brünnhilde geschlafen.) Hagen: »Schwörst du das auf die Speerspitze?« (Das heißt: Ein rasches Gottesurteil, verletzt die Spitze, hat Siegfried gelogen.) Siegfried ergreift die Spitze, sie tut ihm nichts: unschuldig. (Nun ja: Siegfried konnte selbst dann die Speerspitze ergreifen, wenn er gelogen hat: Er ist ja dank der Hornhaut unverletzlich. Hat Wagner das bedacht? Oder hat Siegfried doch ...?) »Gott« hat wieder, wie im »Tristan«, den Schwindel mitgemacht. Nun aber reißt Brünnhilde die Speerspitze an sich und schreit: »Und doch hat mich jener Siegfried da ge-, ge-, ich will keinen indezenten Ausdruck gebrauchen!« Auch sie bleibt unverletzt, denn sie meint den wahren Siegfried. Wieder macht »Gott« den Schwindel mit, wobei »Schwindel« nicht der richtige Ausdruck ist: »Er« akzeptiert das nur Formal-Wörtliche.

Dabei taucht die Frage auf: Galten das Feuer-Durchdringungs-Verbot und die Ausnahme-Regelung Wotans vom letzten Akt »Walküre« nur einmal? Nur zugunsten Siegfrieds? Oder ist das Feuer erloschen, als Siegfried es zum ersten Mal durchdrungen hatte? Erst nach dem zweiten Mal? Oder brennt es seither weiter und ärgert die Umweltschützer? Oder hat das generell gegolten, das heißt, konnte jeder, der den Speer Wotans nicht fürchtete, sich der Brünnhilde bedienen? Es war wohl so, daß Wotan, der von seinem obengenannten Weltenbalkon aus zuschaute, die Tarnung Siegfrieds erkannte, und für ihn galt ja, ob in wahrer oder falscher Gestalt, die Ausnahme-Regelung. Das hätte Brünnhilde aber auffallen müssen ... Fragen über Fragen.

Es folgt eine Szene, die mit den wechselseitigen Ausrufen: »Jetzt kenne ich mich überhaupt nicht mehr aus!« bündig wiedergegeben ist. Siegfried wird's zu dumm. Er hat Hunger. »Munter, ihr Mannen,/folgt mir zum Mahl!«, packt Gutrune und schiebt ab. Zurück bleiben Gunther, Hagen und Brünnhilde und rufen: »Verrat!« Wobei jeder was anderes meint, aber über eins sind sie sich klar, selbst Brünnhilde: »Siegfried muß weg.« Hagen sagt: »Wird erledigt.« Und der zweite Akt schließt mit einem Ensemble, etwas, was, wie schon gesagt, im »Ring« sehr selten ist, hier sogar ein Terzett.

*

Im dritten Akt tut Wagner das, was Tragödiendichter seit Sophokles und Shakespeare tun: Er räumt auf. Man geht zur königlichen Jagd, Siegfried verirrt sich bei der Verfolgung eines Bären an den Rhein, wo die Rheintöchter erscheinen und ihm neckisch – in einer kurzen, echt und gewollt komischen Szene – den Ring abluchsen wollen, bieten ihm dafür ... allerhand, wenngleich nur andeutungsweise. Siegfried bleibt standhaft, die Rheintöchter verkünden ihm daraufhin den baldigen Tod, was Siegfried nicht ganz ernst nimmt. Als sie verschwunden sind, bereut er dann doch, daß er die Gelegenheit nicht genutzt hat (Wagner hätte in vergleichbarer Situation nicht gezögert): »– wenn sie nochmals zurückkämen ...?« Da taucht jedoch die übrige Jagdgesellschaft auf, man setzt sich zum Kesselgulasch, und Siegfried erzählt nun leichtfertig die

Geschichte, wie er den Mime umgebracht, nachdem er den Drachen erschlagen, Ring und Tarnhelm genommen, vom Drachenblut geleckt, die Stimme des Waldvögleins auf einmal verstanden ...

Wieder eine – die letzte – Erzählung von Ereignissen, die der Zuhörer längst kennt. Diesmal führt sie, der genervte Zuhörer meint vielleicht: zu Recht, in die Katastrophe. »Was zwitscherte das Waldvöglein?« »Ach ja«, sagt Siegfried, »so dies und das. Daß da am Isenstein *das herrliche Weib: auf hohem Felsen sie schläft* ... Brünn ... einen Moment ...« Er erschrickt. »Was habe ich da gesagt? Brünnhilde?« Die Wirkung des Zaubertranks war, scheint's, in dem Moment verflogen oder hielt dieser starken Erinnerung nicht mehr stand. »Aha!« schreit Hagen und ersticht den Siegfried von hinten. Was nicht gesagt wird, an der dem Hagen bekannten einzig verwundbaren Stelle. Wagner muß Siegfried daher Hagen den Rücken zuwenden lassen. Das tut Siegfried, weil er zwei Raben zuschaut (wessen Raben sind das wohl?), die in dem Moment auffliegen. (Es erklingt im Orchester das »Fluch-Motiv«, das heißt: Auch an Siegfried vollzieht sich jetzt der Nibelungen-Fluch.)

In guter, alter Opernmanier, wie schön, daß Wagner es trotz aller Theorie in »Oper und Drama« usf. nicht lassen kann, singt Siegfried, bevor er endgültig verröchelt, den tödlichen Speer im Rücken, eine Bravourarie:

»Ach, dieses Atems
wonniges Wehen!
Süßes Vergehen, –
seliges Grauen!
Brünnhild – bietet mir Gruß!«

Schade, daß er es nicht auch noch italienisch singt, etwa:

»Oimè – di questo respiro
dolorante deliro!
Dolce errore, –
felice terrore!
Brunilda – ben' mio!
Addio! Addio!«

In der Partiturausgabe der Edition Eulenburg ist eine englische und eine französische metrisch angepaßte Übersetzung dem deutschen Text unterlegt. Die französische klingt, wie nicht anders zu erwarten, höchst elegant:

»Oh! cette haleine
Souffle suave!
Douce agonie!
Chère souffrance!
Brünnhild! vient jusqu'à moi!«

Während das (etwas altmodisch gefärbte) Englisch ziemlich sachlich daherkommt:

»Ah, what enchantment
Waffeth her breathing!
Blissful surrender,
Sweet are thy terrors!
Brünnhild' greeteth me these!«

Heutzutage wird ja, glücklicherweise, fast überall in der Originalsprache gesungen, was – außer an der Met in New York – früher durchaus nicht üblich war. Wer vergleicht, merkt, wie stark die Sprache die Musik unterschwellig verändert, zumal oft um der Erfordernisse der Gesangslinie willen verquere Übersetzungen den Text verfälschen. Ich habe einmal – auf Schallplatten – einen »Lohengrin« in russischer Sprache gehört. Es war, sage und schreibe, eine andere Musik, wobei freilich die Verse von »des Ostens Horden« besonders merkwürdig auffielen.

※

In »Götterdämmerung« erklingt zwischen der zweiten und der letzten Szene des letzten Aktes ein besonders schönes Orchesterstück: »Siegfrieds Trauermarsch«, d. h. die Musik zum Kondukt, in dem »die Mannen« Siegfrieds Leiche zurück zur Gibichungenhalle tragen. Verblichenen Erzwagnerianern wird diese Musik nicht ungern zum letzten Geleit aufgespielt.

Dann geht es zunächst sehr rasch. Hagen will dem toten Siegfried den Nibelungenring entreißen, aber Gunther reklamiert ihn als Erbe für Gutrune, sie streiten, Hagen erschlägt Gunther (wieder eine Hauptperson beseitigt), Gutrune sinkt »ersterbend« über Siegfrieds Leiche zusammen (also auch aufgeräumt), noch bevor Hagen den Ring an sich bringen kann, kommt nicht, sondern »schreitet, fest und feierlich« Brünnhilde heran, nimmt den Ring und stimmt einen Schlußgesang an – in der italienischen Oper würde man sagen »Final-Cabaletta«, wie beispielsweise in Rossinis »Donna del Lago« oder Bellinis »Beatrice di Tenda«, wo die Schlußarie so wunderbar *pianissimo* endet. Brünnhildes Schlußarie »Starke Scheite/schichtet mir dort ...« ist musikalisch zugegebenermaßen sehr stark beeindruckend, wenngleich ziemlich reich an Text, den man bekanntlich nur zu einem Viertel versteht. Ein italienischer

Librettist hätte das Ganze geschickter mit einer einzigen Zeile abgehandelt: »Giusti numi, che dolor ...« und die Seelenzustandsschilderung der Musik überlassen.

Ich kann den Kalauer hierherzusetzen nicht unterlassen. Das letzte, was Gutrune (»in jähe Verzweiflung ausbrechend«) zu singen hat, endet mit – so habe ich es immer verstanden:

»Brünnhild war die *Tante*,
die durch den Trank er vergaß.«

Es ist ja richtig: In der Tat ist Brünnhilde Siegfrieds Tante, sogar Großtante – doch bei Nachlesen des Textes habe ich dann festgestellt, es heißt »Traute«, nicht »Tante«.

*

Brünnhilde bringt rasch den Ring an sich, steckt ihn an, wirft eine Fackel in den inzwischen aufgeschichteten Holzstoß, steigt auf das Pferd Grane und springt mit dem Ruf in die Flammen:

»Segafredo! Segafredo! Venga la tua!
Sempre felice, addio, addio ...«

Nein, leider nicht, aber auch schön:

»Siegfried! Siegfried! Sieh!
Selig grüßt dich dein Weib!«

Das Feuer des Holzstoßes greift auf die Gibichungenhalle über, die bald lichterloh brennt. Der Chor rettet sich auf die Vorbühne. Versuche zu löschen werden nicht unternommen, dafür tritt der Rhein, der bisher im Hintergrund ruhig floß, über die Ufer und erledigt, was eigentlich Sache der Feuerwehr gewesen wäre. Die Rheintöchter kommen dahergeschwommen und fischen aus der Asche den Ring, nehmen ihn jubelnd mit in die Tiefe. Hagen, der das verhindern will, schreit noch: »Zurück vom Ring!«, aber zu spät, die Nixen haben ihn schon, ihnen kann der Fluch nichts anhaben, weil einzig sie ihn juristisch einwandfrei zumindest besitzen, vielleicht sogar im Eigentum haben. Den Hagen ziehen sie in die Tiefe ... so ist auch der verräumt.

*

Die Feuerwehr habe ich mit Vorwitz erwähnt. In meiner Assessorenzeit in Bayreuth hatte ich ein Zimmer mit Halbpension, sehr preiswert, beim »Bauernwärtla« in der Sophienstraße. (Er braute damals sogar noch sein eigenes Bier.) Im »Austrag« lebte damals der wohl über achtzigjährige Vater des Wirts, der alte »Gerch« (= Georg). Ich redete oft mit dem Alten, und er erzählte mir stolz, daß er viele Jahre bei der damals eigens rekrutierten Festspielhaus-Feuerwehr war – eine Ehre! »Ja, Herr Assesser! Bruder, do simmer obber dann gstandn beim Gibichungenbrand, mit die Schleich in der Händ. Do fehlt si nix ... Und nachertla hot uns die Frau Cosima Brootwerscht und a pohr Seidla Bier spendiert.« Eine Festspielaufführung hat der Gerch nie besucht, doch er kannte alle, von Lauritz Melchior bis zu Arturo Toscanini sozusagen von der Rückseite. Ist wohl längst in Walhall, der ald Gerch, ba die Wunschmädla.

*

Nicht nur die Gibichungenhalle brennt. Dieser Brand ist ein Symbol für die gleichzeitig ablaufende »Götterdämmerung«, die man im Hintergrund sieht. In modernen Inszenierungen meist weggelassen, weil unfreiwillig leicht komisch, obgleich die ganze Handlung der vier Tage darauf abzielt, hocken dort die Götter so, wie Waltraute sie bei ihrem Gespräch mit Brünnhilde im ersten Akt schildert: Mürrisch sitzt Göttervater Wotan in Walhall und schaut auf die Trümmer seines Speeres, Holdas (d. h. Freias) Äpfel verschmäht er, wird daher grau und alt, die anderen Götter sitzen herum mit »Staunen und Bangen«, seine zwei Raben hat Allvater Wotan ausgeschickt, sie sollen zurückkommen, wenn sie die Meldung bringen können, daß Schluß ist. Ab ins Nirwana, die Götter sind müde. Kommen neue? Davon sagt Wagner nichts, er räumt nur die alten weg. Alle. So sitzen sie da, auch auf einem Holzstoß, der aus der gefällten Weltesche stammt, und jetzt greift der Gibichungenbrand metaphysisch-mythisch noch irgendwie auf den göttlichen Scheiterhaufen über, und Walhall und die Götter brennen – regungslos, gott-, d. h. also sich selbst, ergeben. Ein Selbstmord durch Unterlassen. Nur die Rheintöchter, sicher in Wasserstiefen, kommen davon.

Vier verschiedene Fassungen des »Götterdämmerungs«-Schlusses sind überliefert. Während Wagner, wie erwähnt, die übrige »Ring«-Dichtung niedergeschrieben hat, bevor er die Philosophie Schopenhauers kennenlernte, stammt die letzte Schluß-Fassung aus der Zeit danach. Es heißt, darin seien Schopenhauersche Gedanken sozusagen vertont. Ich kann das nicht erkennen, wohl weil ich mit den feineren Verästelungen der Schopenhauer-Lehre nicht vertraut bin. Bemerkenswert erscheint mir dagegen die von Wagner nicht vertonte Fassung der letzten Brünnhilden-Strophen:

»… nicht trüber Verträge
trügender Bund,
nicht heuchelnder Sitte
hartes Gesetz:
Selig in Lust und Leid
läßt – die Liebe nur sein.«

Wieder einmal eine Abkehr von der Ordnung (von der bürgerlichen solchen auch), die frei für die Liebe, zumal die eines Genies, keine Gültigkeit hat. Wagner hat oft genug nach dieser Prämisse gelebt und ist oft genug daran gescheitert, selbst zuletzt.

*

Bemerkenswert ist für mich immer, daß ausgerechnet Hagen das letzte, wenngleich wenig gewichtige Wort in dem Mammut-Werk dieses »Ringes« hat. Ist er damit von Wagner unversehens in einen Rang gehoben worden, der ihm nicht entspricht? Wie Pontius Pilatus ins Credo? Oder war ihm Hagen gar nicht so unsympathisch, wie er selbst ihn schildert?

*

Abgesehen von konzertanten Aufführungen einzelner Teile der noch gar nicht ganz fertiggestellten Tetralogie erfolgte die Uraufführung des »Rheingolds« 1869, der »Walküre« 1870 in München, und zwar auf Befehl König Ludwigs II. und gegen den Willen Wagners, der nicht gut etwas dagegen sagen konnte, nachdem der König ihm in den Jahren zuvor so viel Geld bezahlt hatte und noch weiter bezahlte. Wagner hatte sich eine Uraufführung erst im Rahmen einer Aufführung aller vier Abende des »Ringes« gewünscht, und die fand dann in dem inzwischen mit viel Mühen, Kosten und Schwierigkeiten erbauten Festspielhaus vom 13. bis 17. April 1876 in Bayreuth statt.

Die Uraufführung war für Wagner nicht nur eine Enttäuschung, sie war eine – auch finanzielle – Katastrophe. Wagner dachte, wohl nicht ganz ernsthaft, danach an Selbstmord. Es ging schief, was nur schiefgehen konnte. Daß der Hals des Drachen fehlte (ein Teil des in England angefertigten mechanischen Monsters), angeblich nach Beirut statt nach Bayreuth verschifft, war das wenigste. Es gab Schwierigkeiten mit den Sängern, mit dem Dirigenten Hans Richter, mit eigentlich allem und jedem. Das ging nicht zuletzt auf die Inkompetenz und Sprunghaftigkeit Wagners in Fragen der Regie zurück. Er muß sich aufgeführt haben – es gibt anschauliche Augenzeugenberichte – wie ein Schachterlteufel, wobei erschwerend hinzukam, daß er an Zahnweh litt. Daß die Aufführungen trotz allem zustande kamen, glich einem Wunder. Erst beim zweiten Zyklus konnten einige Pannen ausgebügelt werden, aber das und der Besuch von nicht weniger als zwei Kaisern, dem Deutschen und dem von Brasilien, trösteten und beruhigten Wagner nicht. König Ludwig II., zunehmend menschenscheu geworden, besuchte nur die Generalprobe und unter größten Sicherheitsvorkehrungen, daß ihn ja niemand sah, den dritten Zyklus Ende August. Ich halte es nicht für unwahrscheinlich, daß der König dem preußischen Wilhelm nicht begegnen wollte.

In all dem Trubel hatte Wagner dennoch Zeit für eine Liebesaffäre. Eine etwas exaltierte junge Dame, Judith Gautier, Halbitalienerin mit glühenden Augen, hatte ihm diese schon 1869 bei einem Besuch in Tribschen gemacht. Als sie 1876 zu den Festspielen kam, wurde das ernst. Doch davon später.

Am 14. September 1876 läßt Wagner die ganze Bredouille hinter sich und reist mit Cosima, den Kindern und Gefolge dorthin, wo der von ihm geschmähte welsche Dunst und Tand zu finden sind, nach Italien, erst nach Verona, dann Venedig, Neapel, Sorrent – in die Sonne, welche nur durch die Abrechnung der Festspiele getrübt schien: einhundertachtundvierzigtausend Mark Defizit. (Das dürfte nach heutigem Geld ein zweistelliger Millionenbetrag sein.) Ende Dezember sind Wagners wieder in Bayreuth. Es ist klar, daß an Festspiele für das Jahr 1877 nicht zu denken ist.

*

Der »Ring des Nibelungen« und das Festspielhaus und überhaupt die Idee der Festspiele gehören zusammen. Es wurde schon erzählt, daß Wagner sehr früh in seinem Leben, als an eine Verwirklichung der Idee noch gar nicht zu denken war, Pläne über Festspiele und Festspielhaus in seinem phantasievollen Kopf wälzte: ein riesiges Volksfestspielhaus am Rhein, dann das nicht realisierte, von Ludwig II. in Auftrag gegebene, von Gottfried Semper geplante Festspielhaus in München. Aber mit nicht genug zu bewundernder Festigkeit verfolgte Wagner diese Idee weiter. Als er in Tribschen Cosima seine Lebenserinnerungen diktierte, kam er im Zug der Erzählung auf jene Fahrt von Prag nach Nürnberg zurück, bei der er 1835 durch Bayreuth gekommen war. Wagner stockte im Diktat, das war genau am 5. März 1870, es war der Samstag nach Aschermittwoch, ein für die Stadt Bayreuth also bis heute wichtiger historischer Tag. Wagner stutzte, unterbrach das Diktat, nahm das »Conversations-Lexikon« zur Hand und las den Artikel »Bayreuth«. Dort war das Markgräfliche Opernhaus erwähnt. Das war die Initialzündung. Wagner fuhr im April 1871 nach Bayreuth, besichtigte das barocke Opernhaus, fand es zu klein für seine Ideen, aber die damalige verschlafene Provinzstadt gefiel ihm, auch das Bier schmeckte ihm, seinen Ideen kam der Ort entgegen, eine nicht zu große, aber auch nicht zu kleine Stadt, zwar im Königreich Bayern gelegen, aber nicht in der Nähe von München, das in Wagners Seele immer noch von den Vorgängen von damals negativ besetzt war, weiter weg also, in Franken, dazu – für Wagner eine wichtige Voraussetzung – eine Stadt ohne Repertoire-Theater (was sie heute noch ist).

In Bayreuth erkannte man, erkannten zumindest einige von denen, auf die es ankam, die Chance. Theodor (später von) Muncker, seit 1863 Bürgermeister und der Bankier Friedrich Feustel förderten die Ansiedlung Wagners und der Festspiele. Ein Grundstück unterhalb der Bürgerreuth wurde zur Verfügung gestellt (mit Gemeinderatsbeschluß vom 15. Dezember 1871, es ging alles also ziemlich schnell), sowohl für das Festspielhaus als auch ein anderes für die künftige Villa Wahnfried. Am 59. Geburtstag Wagners, also am 22. Mai 1872 fand die Grundsteinlegung statt, am 2. August 1873 war Richtfest, der Innenausbau zog sich noch bis 1876 hin, bis kurz vor Beginn der ersten Festspiele, im Jahr zuvor wurden aber schon Proben im Haus abgehalten. Architekt war der kgl. sächsische Hofbaumeister Otto Brückwald (1841–1917) der sich aber eng an die Vorgaben Wagners hielt.

Die geniale akustische Konzeption, zu der auch gehört, daß der Bau aus Holz ist und quasi wie der Corpus eines edlen Streichinstruments klingt, ist die Idee Wagners. Über die Innenausstattung kann man dieser oder jener Meinung sein. Die einen halten sie für so charmant wie einen alten Bahnhofsvorbau, für die anderen weht auch in den Dekorationen der Geist des Meisters. Wenige bemerken ein Detail, das zu denken gibt, das aber ein Einfall Wagners ist: den Plafond. Er ist ein fingiertes Zelt mit Zeltstangen, Segeltuch, Tauen und Ösen. Man erinnere sich: In den Theatern und Amphitheatern des Altertums konnte man meist, sollte die Sonne zu grell scheinen, oder sollte es gar regnen, den Bau mit Segeltuch zudecken. Am Colosseum in Rom sieht man noch die vorkragenden Steine oben, an denen die Segel festgemacht wurden. Sinnigerweise hatten Matrosen die Aufgabe, diese Segel aufzuziehen. Im Festspielhaus geht die Illusion so weit, daß dort, wo die Segel klaffen, blau der Himmel durchblickend gemalt ist. Nur den Orchestergraben würde dieses Zelt nicht schützen, was man sieht, wenn man genau hinschaut. Hat Wagner deshalb das Orchester in den verdeckten Graben verlegt? und den akustischen Effekt so nebenbei erzielt?

Nein, das ist selbstverständlich Unsinn. Wagner hat das sehr genau geplant.

Bis heute wurde das Festspielhaus mehrfach umgebaut und ergänzt. Wagner selber ließ noch den »Königsbau«, also den Portikus mit Balkon vors eigentliche Haus setzen (1882), nach Wagners Tod ließ Cosima 1888 die Beleuchtung elektrifizieren. Wolfgang Wagner – eines seiner großen Verdienste – ließ ein Betonskelett in das Holzfachwerk einziehen, aus statischen Gründen, und später mehrfach die technischen Anlagen und Nebenräume auf den erforderlichen neuen Stand bringen. Die berüchtigten unbequemen Holzklappstühle wurden in den neunziger Jahren durch bequemere ersetzt, was für manchen asketischen Unbeschuhten ein schmerzlicher Verlust an Authentizität war. Die Zahl der Sitzplätze, um die sich die Welt Jahr um Jahr rauft, ist 1925.

※

In den Grundstein ließ Wagner ein von ihm verfaßtes Gedicht einmauern:

>»Hier schließ' ich ein Geheimnis ein,
>Da ruh' es viele hundert Jahr'.
>Solange es ~~verschleiert~~ verwahrt der Stein
>Macht es der Welt sich offenbar.«

Was für ein Geheimnis hat Wagner da eingeschlossen? Das »offenbar« nur ist, solang es niemand kennt? Einen Fluch? Einen Segen? Jedenfalls beim Verfassen dieses Verses hatte Wagner (»viel hundert Jahr'«) nicht die Absicht, das Haus nach den Festspielen wieder abreißen zu lassen.

IX.
Parsifal – »Erlösung dem Erlöser«

Und mitten in den Turbulenzen der Finanzkatastrophe, mitten in den Herzensverwirrungen um Judith Gautier, in dem verzweifelten Rudern, dem Schiffbruch der ersten Festspiele zu entkommen, und nicht nur das: die Festspiele für 1878 zu retten (ein vergebliches Unterfangen), mitten in all den Wirren, zu denen noch Krankheit und die Eifersucht Cosimas kamen, begann Wagner mit der Arbeit an seinem letzten Werk, das er für sein größtes hielt: »Parsifal«. Zumindest zeitweilig hielt er es für sein größtes, denn manchmal schrieb er, hatte man den Eindruck, mehr aus Pflichtgefühl denn aus Inspiration daran weiter.

Für die einen, die von mir – in Anlehnung an die Bezeichnung für strenge katholische Orden – die »Unbeschuhten Wagnerianer« genannten Verehrer des Meisters, ist der »Parsifal« ein heiliges, unantastbares Werk, über das eigentlich nicht gesprochen, das nur stumm verehrt werden darf. (Dementsprechend war es noch lang, selbst noch bis in die siebziger Jahre des 20. Jahrhunderts verpönt, nach einer »Parsifal«-Aufführung Beifall zu klatschen. Andacht! war angesagt.) Für die anderen ist es das problematischste, für nochmals andere ist es das langweiligste Werk Wagners. Unbestritten bleibt jedoch die bestechend schöne »herbstliche« (so der Dirigent Cornelius Eberhardt) Instrumentierung.

»Parsifal« ist Cosimas Werk – im doppelten Sinn. Anfang November 1881 reist Richard Wagner mit seiner Familie und einem Troß von Freunden und Dienern über Neapel nach Palermo. Dort wird Ende Dezember die Partitur des »Parsifal« (fast) fertig. Es fehlen am 25. Dezember 1881, dem Tag, an dem die am 24. Dezember 1837 geborene Cosima ihren Geburtstag feiert, die paar letzten Seiten. Wagner paginiert den Rest, zieht die Taktstriche und schreibt nur die letzte Seite, schreibt darunter: »Palermo, Für Dich! 25. Dezember 1881. R. W.« Bis 13. Januar 1882 komplettiert er dann die fehlenden Zwischenstücke. Man erkennt das daran, daß er andere Tinte verwendet hat. Eine handwerkliche Meisterleistung übrigens, daß die Musik exakt den vorgegebenen Taktstrichen entspricht.

Also: »Für Dich!« – für Cosima. Das Werk ist, wenn es auch in der gedruckten Partitur, die erst nach Wagners Tod erschien, nicht vermerkt ist, Cosima gewidmet. Es ist ihr Werk in diesem Sinn, aber auch in einem anderen Sinn.

Cosima war trotz aller vorangegangenen Bindungen und Affären Wagners die Frau seines Lebens und blieb es, trotz aller Krisen und Erschütterungen namens Judith Gautier und des Blumenmädchens Carrie Pringle, trotz der verflossenen Mathilde. Und sie war eine tragische Figur, wie die erwähnte Lebensskizze von ihrem Enkel Beidler es schildert. Format des Geistes wird man ihr aber nicht gut absprechen können. Ist der »Parsifal« deshalb *ihr* Werk?

*

Cosima war sechsundzwanzig Jahre jünger als Richard Wagner. Der Meister sah die Fünfzehnjährige 1853 zum ersten Mal in Paris, bei einer der seltenen Gelegenheiten, wo Liszt seine Tochter für einige Tage zu sich nahm. Die

Begegnung blieb beiderseits sozusagen folgenlos, auch die Wiederbegegnung in Zürich 1857 und 1858. Richard Wagner war ausreichend mit Mathilde Wesendonck beschäftigt. Erst 1863 – frühestens 1862 – begann das, was Richard Wagner am Ende seines Lebens als mit, vielleicht etwas übertrieben, »alle fünftausend Jahre gelingt es« bezeichnete. Bis dahin, und dies ist in dem hier aufzuzeigenden Zusammenhang wichtig, hatte Richard Wagner alle Texte zu seinen Werken bis auf »Parsifal« schon geschrieben gehabt. Der Abschluß der »Ring«-Dichtung ist 1852/53 anzusetzen, »Tristan« 1857, »Meistersinger« 1862. Es fehlte nur noch »Parsifal«. Abgesehen von wenigen, sporadischen Beschäftigungen mit dem Stoff – im Zusammenhang mit dem »Lohengrin« selbstredend, und dann erwog Wagner kurz, den »reinen Tor« als Nebenfigur im dritten Akt »Tristan« auftreten zu lassen –, setzte die Arbeit am »Parsifal« ein, der da noch »Parzifal« mit z hieß, mit der Niederschrift der vielseitigen, ausführlichen Szenarioschilderung des »Parzifal«-Planes für König Ludwig II., der nach seiner eigenen Formulierung nach dieser Erzählung »schmachtete«. Wagner verfaßte diesen ausgreifenden, mit der späteren Opernhandlung weitgehend deckungsgleichen Handlungsablauf im August und im September 1865. Im Mai war Wagners und Cosimas erstes gemeinsames Kind geboren worden, Isolde, die allerdings da noch »von Bülow« hieß, und gerade jene Wochen der »Parzifal«-Niederschrift waren eine entsetzliche Leidenszeit Wagners um Cosima, denn mittels einer von Liszt eingefädelten Ungarn-Reise Cosimas, Bülows und Liszts versuchte der Vater letztmals, die Bülow-Ehe seiner Tochter zu retten.

Es ist auch insofern *ihr* Werk, als es, meine ich, gegen sie geschrieben wurde. 1869, noch in Tribschen, lernten Richard und Cosima die als Schönheit gefeierte Tochter Théophile Gautiers, die oben schon erwähnte Judith Gautier, kennen, damals mit dem Schriftsteller Catulle Mendès verheiratet. 1876, inzwischen von Mendès geschieden, kam sie nach Bayreuth zu den ersten Festspielen, und Richard Wagner verliebte sich in sie – erstmals? Oder brach frühere Liebe wieder auf? Daß es eine heftige, durchaus körperlich-erotische Leidenschaft war, erweisen die Briefe Wagners an Judith, auch daß Judith die Liebe des um über dreißig Jahre älteren Mannes erwiderte. Die Affäre wurde abrupt beendet, nachdem Cosima am 10. Februar 1878 (oder kurz zuvor) die Sache entdeckt hatte. Und in eben der heftigen Judith-Zeit vorher, nämlich Februar bis April 1877, schrieb Richard Wagner die endgültige Fassung des »Parsifal«-Textes nieder – einschließlich der rätselhaften, viel gedeuteten Schlußzeile: »Erlösung dem Erlöser«. Wer sollte erlöst werden? Wer wäre der Erlöser? Ist der »Parsifal« eher Judith Gautiers Werk als das Cosimas?

*

Richard Wagner wurde drei Monate nach seiner Geburt evangelisch getauft, und zwar, dies nebenbei, an keinem geringeren Ort als der Thomaskirche in Leipzig. 1827, Wagner war also vierzehn Jahre alt, erfolgte die Konfirmation an einem nicht viel weniger traditionsträchtigen Ort, in der Kreuzkirche zu Dresden. Als Achtjähriger kam Wagner zu einem Pflegevater in Possendorf bei Dresden, Wetzel, der evangelischer Pastor war. Von großer Bedeutung für den heranwachsenden jungen Mann war der erzieherische Einfluß seines Onkels Adolf Wagner, auch er evangelischer Theologe. Alles in allem ist also von einer christlichen Erziehung evangelischer Konfession auszugehen, die wohl sogar über den damals konventionellen Religionsunterricht hinausging. War und blieb Richard Wagner zeit seines Lebens Christ? Ausdrücklich von Religion und Christentum abgewandt hat er sich nie, aber das Ausdrückliche war ohnedies seine Sache nicht, weder im Leben noch in den Werken. Seinen sehr wohl ausdrücklich manifestierten Antisemitismus hat er nur theoretisch verkündet. In seine Werke hat er keinen Eingang gefunden. Die Gründe dafür mögen auch darin liegen, daß er sein jüdisches Publikum nicht vergrämen wollte. Die meines Erachtens nicht nur kühnen, sondern abwegigen Deutungen versteckten Antisemitismus im Zusammenhang mit der Figur der Kundry mögen außer acht bleiben. Beachtenswert ist lediglich, daß Richard Wagner in seiner Entgleisung »Das Judentum in der Musik«, soweit dieses verworrene Elaborat überhaupt verständlich ist, den Antisemitismus nicht christlich-religiös, sondern rassisch begründet hat, eine peinliche und leider folgenschwere Neuerung. Der Ansatz Wagners war also *nicht* christlich gedacht.

Überhaupt, behaupte ich, war Richard Wagner zumindest von dem Moment an, an dem er das, was ich die dramatische Zentralperspektive nenne, verließ, eher ein Heide.

Im »Lohengrin« vermeidet Wagner christlichen Gestus fast völlig. Der zeitliche Hintergrund mit einem fiktiven deutschen König, der immerhin wie sieben historische Heinrich heißt, und die Zeitangabe Wagners deuten auf eine bereits staatskirchlich-gefestigte Christenzeit, dennoch ist davon kaum die Rede, und eine Ehe unter auflösendem Vorbehalt (»– nie sollst du mich befragen –«) ist alles andere als christlich.

Im »Tristan« kommt Christliches überhaupt nicht mehr

vor. Im Gegensatz zu »Tannhäuser« und »Lohengrin« (13. bzw. 10. Jahrhundert) macht hier Wagner keine Angaben zur Zeit mehr. Es herrscht ferne, keltische Vergangenheit. Ein Schiffskaplan ist auf Tristans Fregatte nicht zu vermuten. Die höchst komplizierte »Tristan«-Problematik, Zentralpunkt für Wagners Musik und Leben, wurde oben erwähnt, auch, daß der »Tristan« dem direkten Einfluß Schopenhauers oder besser gesagt: der Schopenhauer-Lektüre Wagners zu verdanken ist, und Schopenhauer war alles andere als Christ.

Das Numinose, die gebrochene Realität, die gespaltene Perspektive ist im »Tristan« nicht durch den Liebestrank, sondern, vor allem, durch das Nebelhaft-Keltische der düsteren Vorwelt präsent. Von der Vermischung und Verschränkung der Götter- mit der Menschenwelt im »Ring«, logisch oft nicht nachvollziehbar (aber was heißt schon Logik auf der Opernbühne), war ausreichend die Rede. Drachen, Verträge, Wundertrank und Erlösung flechten ein unlösbares und logisch nicht mehr faßbares Band zwischen anthropomorphen Ganz- und Halbgottheiten und theomorphen Helden zu einer unverständlichen Handlung voll von Denkfehlern, aber ebenso voll von herrlichsten Szenen des musikalischen Theaters.

Götter auf die – vor allem – Opernbühne zu bringen war nicht neu, im Gegenteil; so hat die Oper angefangen, und nicht nur das: Götter- und Heldensagen und -schicksale waren mit wenigen Ausnahmen in den ersten anderthalb Jahrhunderten der Operngeschichte die Elemente, um die sich die Handlungen der Opern drehten. Das waren allerdings klassische, also griechische und römische Götter und Helden. Waren die »katholisch«? Ich weiß nicht, ob da ein Zusammenhang besteht, und wenn ja, ob er jemals untersucht worden ist: Dieselben anderthalb Jahrhunderte hindurch war die Oper weitgehend eine katholische Angelegenheit, ja sogar noch darüber hinaus. Mit Ausnahme von Händel und Wagner, die diese Regel bestätigen, waren alle großen Opernkomponisten bis einschließlich Puccini Katholiken. Der Erzengel des musikalischen Protestantismus Johann Sebastian Bach hat alle musikalischen Formen beackert, Oper hat er keine geschrieben. Lag das nur an mangelnder Gelegenheit? Lag die »Katholizität« des Phänomens Oper daran, daß diese Musikform aus Italien kam und lang dort beheimatet blieb, beheimatet im weiteren Sinn? *Ich* sehe einen anderen Zusammenhang.

Die vom, wie ich sage, vernunftbegabten Weltgeist nicht mehr zu tolerierende dazumalige Verrottung der katholischen Kirche hat nicht nur das reinigende Gewitter der Reformation erzwungen, sondern etwas früher schon eine stillere Revolution von innen: die Renaissance. Die alten Götter waren plötzlich wieder da. Sie erwiesen sich als springlebendig und wirkten und webten nicht wie die Reformation im nebligen Norden, sondern sozusagen mitten im Vatican. Auf einmal sammelten sich neben den Gipsmadonnen, den Holzkruzifixen und anderen Fetischen des Weihwasserkatholizismus die nackten Heidengötzinnen in schamlos-freudiger Herrlichkeit: ein Ventil aus der stickigen Dunkeldämonie des in eineinhalb Jahrtausenden von edelster Ethik und edelstem Humanismus zum Moralkorsett pervertierten Christentums. Der Katholizismus ist ja prädestiniert für derlei Sinnenlust: Nach dem Vergnügen die Beichte, Absolution, ein kurzes Reuegebet zum heiligen Vergibnius, und alles ist wieder in Ordnung. So gesehen, wundert es nicht, daß die sich von vornherein als Gesamtkunstwerk verstehende Oper sich die heidnisch-fröhliche Götterwelt aneignete und daß das katholische Ventil-Heidentum die faszinierende neue Möglichkeit des Musiktheaters absorbierte.

Diese Tradition war ungebrochen, als Wagner an seine »Ring«-Dichtung ging. Solche Dinge werden in der Regel nicht ausdrücklich gesagt, und man erkennt sie fast immer erst aus größerer zeitlicher Entfernung: War die Katholizität der griechisch-römischen Götter Richard Wagner *unbewußt bewußt* (um einen Ausdruck zu gebrauchen, der von Wagner stammen könnte)? Suchte er sich seine heidnische, antichristliche Mythologie deswegen auf protestantischem Wege bei den alten Germanen?

*

Cosima (Liszt? d'Agoult? was stand eigentlich auf ihrem Taufschein? Ich konnte es nicht eruieren) war als Tochter Liszts katholisch getauft. Die böse Erziehung bewirkte bei ihr merkwürdigerweise keinen Trotz, der zur Libertinität geführt hätte. Was sie an »moralischen« Frechheiten sich leistete, den Bruch ihrer Ehe mit Bülow, Betrug und Lügnerei, verdrängte sie unter den Teppich bürgerlicher Wohlanständigkeit, die sie vor der Welt und vor allem vor sich selbst inszenierte.

Richard Wagner schrieb einmal, Cosima (mit der er zu der Zeit bereits zwei Kinder hatte) habe ihm gestattet, sie zu besuchen, als sie im Bad saß, und sie habe sich mit einem Wandschirm als Schutz begnügt. Das war ihr Gipfel an erotischer Freizügigkeit. War sie zu ihrer katholischen Zeit offensichtlich in diesen Dingen päpstlicher als der Papst, so nahm sie nach ihrer Konversion zur evangelischen Kirche 1872 die verklemmte Sexuallehre mit hinüber, wo die sich in ihr mit dem nicht minder verklemmten protestantischen Pietismus verband.

Es ist kein Zweifel, dies muß gerechterweise hier eingeflochten werden, daß Wagner Cosima geliebt hat, daß es am Anfang eine verzehrende Liebe war. Das geht unter anderem aus den Eintragungen ins »Braune Buch« aus ebenjenen obengenannten Tagen im Sommer 1865 hervor. Der Anteil Cosimas an dem, außer seiner Musik natürlich, bedeutendsten Werk Wagners, nämlich an der Institution »Bayreuth«, kann gar nicht hoch genug angesetzt werden, und daß sie als Erbin nach 1883 den Festspielen erst eigentlich Gestalt und Dauer erkämpft hat, sollte nicht vergessen werden. Aber Wagner war eben Wagner. Er war ein fröhlicher Heide, und in seinem »Ring« hat er dem christlichen Erlösungs-Mythos einen epochalen, gigantischen heidnischen, unübersehbar unchristlichen Erlösungs-Mythos entgegengesetzt. Daß das bewußt geschehen ist, daran habe ich keinen Zweifel. Die Fragen, die im Zusammenhang mit dem »Ring«-Erlösungs-Mythos auftauchen, wenn man Text und Handlung genau betrachtet, vor allem *wer* da eigentlich *wovon* erlöst werden soll, hat Wagner wohl selbst nicht gewußt.

❊

Ich muß, wenn ich darlegen will, was mir vorschwebt, auf etwas eingehen, was ich an und für sich als peinlich und überflüssig betrachte, nämlich auf das Intimleben unserer Helden der Vorzeit. Wagner war kein Kostverächter. Das weiß man. Um es gleich zu sagen: Außer seiner dezidierten Tierliebe und seinem Hang zu schlechten Witzen empfinde ich das als den sympathischsten menschlichen Zug an ihm.

Cosima war anders. Das beruhte auf dem, was oben von ihrer verbiegenden Erziehung und was daraus folgte gesagt wurde. Ich drücke es so geschmackvoll wie möglich aus, wenn ich sage, das Liebesleben Richard Wagners und Cosimas im körperlichen Sinn war sicher bis etwa 1875 »erfüllt«, wie man so sagt, danach – nicht mehr. Und danach schrieb Wagner den »Parsifal«.

*

Auf den ersten Blick ist der »Parsifal« ein christliches Werk – wäre als solches eine Abkehr von der großen, heidnischen »Ring«-Erlösung. Zwar wird der Name »Jesus«, der Titel »Christus« im ganzen Text nicht genannt, wurde schon in der erwähnten Handlungsskizze vermieden, auch vom »Christentum« oder von »christlich« ist nicht ausdrücklich und wörtlich die Rede, doch das christliche Unterfutter schimmert überall durch die Nahtstellen. Es ist allerdings die Frage, ob es so von Wagner gemeint ist – zur Zeit der Handlungsskizze, die im Banne der verzehrenden Liebe zur Christin Cosima entstanden ist, wohl schon, aber auch noch zu Zeiten der Komposition?

Vom »Heiland« ist im Text die Rede, das ist das Äußerste an Annäherung an das Evangelium, vom »Charfreitag« sehr undeutlich und allgemein, ziemlich unverbindlich auch vom »Blut« des Heilands und von Erlösung und Erlöser, wobei diese Wörter – es wäre interessant, dies zu untersuchen – von Wagner in unterschiedlicher und schillernder Bedeutung verwendet werden. Eine Taufe findet statt, aber ihr Vollzug spricht jeder liturgischen Vorschrift Hohn. Der Fluch, der auf Kundry lastet, wird – auch wiederum höchst undeutlich, fast zaghaft andeutungsweise – damit erklärt, daß sie angesichts des gekreuzigten Heilands gelacht habe. So wird die Stelle jedenfalls allgemein gedeutet. (Musikalisch ist sie eine der seltsamsten im ganzen Werk, und Eckhard Henscheid, ein ausgepichter Kenner, hat nachgerechnet, daß der Sprung Kundrys vom zweigestrichenen H zum eingestrichenen Cis der zweitgrößte der Opernliteratur ist: eine ganze Oktave und eine Sept; der größte Sprung, dies nur der Vollständigkeit halber gesagt, ereignet sich in Verdis »Ernani«. Dort singt Elvira einen Absturz vom zweigestrichenen zum kleinen A, zwei volle Oktaven.)

Im obengenannten Entwurf von 1865 gibt es noch kein Motiv für den Fluch, der auf Kundry lastet. Es ist nur raunend von »furchtbaren Geheimnissen« die Rede und daß sie »ähnlich dem ›ewigen Juden‹ verdammt ist«, was manche Exegeten dazu veranlaßt hat, in ihr die Personifikation und das Symbol des Judentums zu sehen, in ihrem endgültigen Untergang in der »Erlösung« eine dramatisierte Parabel des Schlusses seines peinlichen Antisemitismus-Pamphlets. Ich glaube das nicht. Die Figur der Gralsbotin, die Wagner aus der Kunrie oder Cundry des Wolframschen »Parzifal« und der bösen Herzogin Orgeluse zusammengesetzt hat, war, wenn man die Quellen der Entstehungsgeschichte des Textes liest, das allererste, was Wagner an dem Parsifal-Stoff interessiert und fasziniert hat. Man kann sagen, daß ihm die Kundry vor allem auch musikalisch zunehmend ans Herz wuchs – was bei Juden und Jüdischem bei Wagner nun wahrlich nicht der Fall war. Nein, Kundry wurde im Lauf der Komposition zu jemand gänzlich anderem – worauf noch zurückzukommen sein wird.

Dem halbherzig-vertuschten Christlichen gegenüber, das Wagner, behaupte ich, so peinlich war, daß ihn die ganze Komposition hindurch künstlerisches Unbehagen plagte wie sonst bei keinem Werk, steht das deutlich Heidnische gegenüber. Das beginnt mit dem Namen des Helden. Bis zum zweiten Prosaentwurf von 1877 schrieb Wagner »Parzifal« mit z, wie bei Wolfram von Eschenbach. Da las Wagner eine äußerst fragwürdige etymologische Deutung seitens Josef von Görres', der behauptete, der Name stamme aus dem Arabischen, eine Umdrehung von »Fal-Parsi«: »der törichte Reine« ... Wagner hatte immer schon, siehe »Tantris«, eine Vorliebe für Verdrehungen, und so griff er sofort die »arabische« Deutung und das s für Parsifal auf. In Wirklichkeit leitet sich der Name von der ersten uns überlieferten schriftlichen Fixierung der Sage ab, vom »Perceval ou li Contes del Graal« des Chrétien de Troyes: Perce-Val, der Eindringer ins Tal, was eine unüberhörbare (und von Chrétien gewollte) sexuelle Konnotation hat. Ein Ausflug in die Genese der Parzifal-/Perceval-Figur ist vielleicht dienlich: Im von Chrétien um 1180 geschriebenen Epos ist Perceval ein nahezu monströser Haudegen und Weiberheld, die Geschichte strotzt von aberwitzigen Ungereimtheiten, vor allem jedoch von Zweikämpfen und anderen dumpf-ritterlichen Raufereien. Die Trottelhaftigkeit des Helden, bei Richard Wagner dann zum Charakter des »reinen Toren« sublimiert, ist bei Chrétien bereits vorgebildet. Wolframs Epos ist um etwa zwanzig bis dreißig Jahre später als das französische Vorbild entstanden. Wolfram ändert an der Figur des Parzifal wenig und ermüdet, ähnlich wie die »Ilias«, hauptsächlich durch die nicht enden wollenden Beschreibungen der herrlichen Pferde, glänzenden Waffen und jeweils vorher nie gesehener Schläge, mit denen die Recken aufeinander eindreschen. Wolfram, dessen Werk, milde ausgedrückt, auf dem des Chrétien beruht, behauptet, der Franzose habe den Stoff dem Werk eines provenzalischen Dichters namens Kyot entnommen und das Ganze verfälscht. Ein Dichter namens Kyot ist der Literaturgeschichte jedoch völlig ungeläufig, und es ist zu vermuten, daß Wolfram den Kyot nur erfunden hat, um von der Tatsache seines frechen Abschreibens von Chrétien abzulenken. Interessant ist, und das führt zu Wagner zurück, daß Wolfram weiter behauptet, jener Kyot habe die Geschichte vom Gral und vom Parzifal in einer Handschrift im damals noch arabischen Toledo gefunden. Das mag einen Kern historischer Wahrheit enthalten, denn der ganzen Gralsgeschichte eignet etwas unverkennbar Orientalisch-Märchenhaftes an, dessen letzte Emanation vielleicht die Blumenmädchen sind, die Wagner musikalisch sehr am Herzen lagen, eine davon, Carrie Pringle, ganz besonders.

Überhaupt findet man »Arabisches«, also das, was man damals darunter verstand, im »Parsifal« an allen Ecken und Enden. Kundry eilt im Zauberflug nach Arabien, um für Amfortas' Wunde den Balsam zu holen, der aber auch nicht hilft. Das »gothische Spanien«, in dem laut Regieanweisung die Gralsburg »Monsalvat« steht, grenzt ans arabische Spanien, in dem ausdrücklich die Welt des Zauberers Klingsor angesiedelt ist. Dort ist alles phantastischsüdländisch, der Blumengarten ist als eine Oase aus Tausendundeiner Nacht geschildert; die temporär in ein »jugendliches Weib von höchster Schönheit« verwandelte Kundry liegt »in leicht verhüllender, phantastischer Kleidung – annähernd arabischen Styls« auf ihrem Blumenlager. Nach alldem kann man sich dann den Klingsor kaum anders als einen zähnebleckenden Ölscheich vorstellen.

Das alles sind freilich Äußerlichkeiten, aber dürfen bei einem Wagner doch veranschlagt werden, der gerade im Zusammenhang mit seiner Unlust bei der Komposition des »Parsifal« davon gesprochen hat, er wolle am liebsten nach dem unsichtbaren Orchester gleich auch das unsichtbare Theater erfinden. Wie recht er hatte, denkt man, wenn man die unsäglichen Szenenphotographien der Uraufführung anschaut: mit einem oberförsterlichen Gurnemanz, einem Parsifal mit dem Evangelimann-Augenaufschlag und einer Kundry als Schwester Oberin; die neckischen Blumenmädchen hätten gut und gern auch eine Aufführung des »Trompeters von Säckingen« bevölkern können.

Wichtiger als diese Äußerlichkeiten sind die im Kern zutiefst heidnischen dramatischen Scharniere, um die sich die Handlung des Bühnenweihfestspiels dreht: Nicht etwa das Kreuz oder gar Spirituelles ist der Mittelpunkt des Numinosen, sondern der Gral, auch wenn das der Abendmahlskelch gewesen sein soll. Und die Schale, in die das Blut des »Erlösers« aufgefangen wurde, wäre da im christlichen Sinn allenfalls eine Reliquie und kein Kultgegenstand, noch dazu, da ihm autochthone Wunderkraft eignet. Also ein Fetisch. Ein gleicher Fetisch ist der Speer, den Parsifal im dritten Aufzug sogar anbetet. Der Speer ist somit etwas Götzenartiges, und in der Tat hat er ein durchaus unchristliches Eigenleben, denn er erteilt moralische Lehren. Erwischt er einen beim Scherzen mit einer der klingsorischen Grisetten, schlägt er ihm eine Wunde, die unheilbar ist. Hantiert der reine Tor mit ihm, verleiht er Würde und Heiligkeit. Kein Geist Gottes schwebt im Finale hernieder, sondern eine Taube – gut, das könnte man als Sanctus Spiritus und ein Drittel Trinität interpretieren, es könnte jedoch genausogut Jupiter sein, der sich ja gern derartige tierische Scherze geleistet hat. Daß der Gral, wie jeder Götze, Launen hat, manchmal heller leuchtet, manchmal weniger hell, sei nur am Rande erwähnt.

Und doch ist er, wie eben ein Fetisch, menschlichem Willen unterworfen. Wenn der Gralskönig ihn zurück in seinen Käfig steckt, ist er offenbar machtlos. Doch er spendet immerhin durchgehend Brot und Wein (an Feiertagen vielleicht Austern und Champagner), Verzeihung: nein, das ist kein Kalauer, oder wenn ja, ein von Richard Wagner sanktionierter. Denn was hat er nicht selbst alles gesagt während der »Parsifal«-Komposition – von Karlsbader Oblaten hat er gesprochen und von Butterbroten im Zusammenhang mit dem Gralsritter-Essen, auch (25. Januar 1878) daß er »nun bald [seine] Monsieurs [nämlich die Gralsritter] mit dem Radetzky-Marsch ablatschen lassen« werde. Von den Blumenmädchen hat er als von seinen »Gassenmädchen« gesprochen, und den Gralsmarsch hat er in weiser Selbsterkenntnis, wie schon erzählt, als bestenfalls für Kurkapellen geeignet gehalten.

Sollte der ganze »Parsifal« im Innersten lustiger sein, als ihn Richard Wagner – Cosima zuliebe? – bierernst-christlich verbrämt nach außen kehrte? Im dritten Akt schildert der zum Anachoreten gewordene Gurnemanz das Elend der Gralsritter: Seit Jahren weigert sich Amfortas, den Gral aus dem Kasten zu nehmen, weswegen sein eigener Vater Titurel dahinstarb, nun ja, der muß schon uralt gewesen sein, aber der Gral spendet keine Nahrung mehr, keinen Wein, die Ritter darben, magern ab, können nicht mehr zu fröhlicher Aventüre reiten, »mut- und fühllos« sind sie geworden, kurzum, ein bejammernswerter Haufen in verrosteten Rüstungen ... Ob man daraus nicht Anregungen für eine ganz andere Inszenierung gewinnen könnte? Etwa in dem Sinn, wie Italo Calvino in seinem »Cavaliere inesistente« (»Der Ritter, den es nicht gab«) die verkommene Gralsritterhorde geschildert hat?

Das wahrhaft Heidnische im »Parsifal« ist im Inneren der dramaturgischen Motivationen zu finden. Der zentrale Punkt dabei ist, wie bei Wagner fast immer seit dem »Fliegenden Holländer«, die Erlösung. Die Typologie dieser Erlösung bei Wagner ist hochinteressant. Es dreht sich manchmal um die Erlösung von einem Fluch wie beim Holländer oder beim Tannhäuser, um die Erlösung von so etwas relativ Banalem wie einer Hautkrankheit, beim »Tristan« handelt es sich um die Erlösung vom Leben schlechthin, wer wovon im »Ring« erlöst werden soll, ist, wie schon gesagt, ein ungelöstes Problem. Der »Parsifal« endlich ist die Erlösungs-Oper an sich. Alles dreht und wendet sich um Erlösung, und es hat den Anschein, als habe die Erlösung da alle Facetten in sich vereinigt, von denen die einzelnen Erlösungen in den früheren Wagner-Opern nur jeweils eine hatten: die Erlösung von einer nicht gerade spektakulären, wenngleich schmerzhaften dermatologischen Angelegenheit, die Erlösung von der Sexualität, die Erlösung von der Liebe, die Erlösung vom Leben, die Erlösung vom Weib ... auch die Erlösung vom Erlöser? *des Erlösers?*

Es ist nicht nur auffallend, sondern bei auch nur oberflächlicher Betrachtung des Textes sonnenklar, daß alle Erlösung im »Parsifal« nicht auf christlich-spirituelle Weise vor sich geht (wenn sie überhaupt möglich ist), sondern durch heidnischen Zauber, durch die dem Fetisch Gral geheimnisvoll innewohnende Wunderkraft und nicht durch Buße, Reue, In-sich-Gehen des Schuldigen oder gar durch Beichte und sakramentales Abendmahl. Die Wunde Amfortas' schließt sich *nur* durch fetischistisch-mechanistische Berührung mit dem heiligen Speer, und selbst das einzig einigermaßen Spirituelle in der Sache: das von Parsifal geforderte Mitleid, ist sozusagen mechanistisch. Woher und warum Parsifal Mitleid hat und mit wem, ist völlig gleichgültig. Er muß sich nur die Eigenschaft erwerben – Mitleid als Zauber. Es hätte genausogut heißen können, Amfortas wird erst erlöst, wenn Parsifal rote Haare bekommt.

Mit alldem wollte ich zeigen, daß Richard Wagner im »Parsifal« keineswegs von seinem Heidentum und damit von dem Vermeiden der dramatischen Zentralperspektive abgegangen ist, vielmehr konsequent diesen seit dem »Fliegenden Holländer« eingeschlagenen Weg weiterverfolgt hat und zu Ende gegangen ist. Es ist damit jedoch noch nicht geklärt, *wer* nun im »Parsifal« der Erlöser ist und *wer* hier *wovon* erlöst werden soll. Die bloße Erlösung des Amfortas von seiner Hautkrankheit wäre die Tinte nicht wert, mit der das Schlußwort »Erlösung dem Erlöser« geschrieben worden ist. Es ist außerdem dramatisch-logisch unbefriedigend, denn im dritten Akt ist Amfortas, weil er sich jahrelang schon geweigert hat, den lebenspendenden Gral (der offenbar die gleiche Funktion hat wie Freias Äpfel im »Rheingold«) anzublicken, ohnedies nahe dem Tod und der Erlösung von seinem Leiden, auch ohne Parsifal. Auch fragt man sich, was Amfortas noch groß davon hat, wenn sich kurz vor dem Tod die Wunde noch schließt. Außerdem paßt das Epitheton »Erlöser« für den Amfortas nicht. Der Gral selbst braucht ja wohl nicht erlöst zu werden, und Klingsor bleibt dafür von vornherein nach Anlage des Dramas außer Betracht, obwohl gerade *er* die Erlösung am notwendigsten gehabt hätte. Wohin ist Klingsor überhaupt verschwunden? Zerfällt er am Ende des zweiten Aktes zu Staub im allgemeinen Zusammenbruch seines Zauberreichs? Fährt er in die Hölle wie Faust und Don Juan –? Einen Moment, oder *wurde* Klingsor erlöst? Nein, ich will nicht den Regievorschlag machen, am Schluß des dritten Aktes einen weißgewandeten Klingsor nach oben in die Kuppel des Gralstempels schweben zu lassen, so wie der erlöste Holländer seinerzeit.

Richard Wagner war, wie ich zu betonen nicht müde werde, ein großartiger Szenen-Erfinder, und der Schluß des zweiten Aktes »Parsifal« gehört (auch musikalisch) zu diesen grandios gelungenen Momenten: Wieder einmal, wie so oft bei Wagner, folgen die Ereignisse nach langer, vielleicht sogar langwieriger Vorbereitung in wenigen Minuten Schlag auf Schlag: Fluch Klingsors, Speerschleudern, Speerauffangen, Fluch Parsifals, großer Krach, Zertrümmerung, Vorhang. Und nicht nur Parsifal wendet seine eben gewonnene Zauberwaffe an, auch Wagner wendet die seine, die altbewährte und immer herzergreifende an: Als Parsifal den Speer faßt und die Musik sich ins helle D-Dur wendet, tragen Trompeten, Posaunen und Tuba das harmonische Gerüst vor – aber piano! Nichts ist leiser – das hat Wagner erfunden – als ein »lautes« Instrument *leise* gespielt.

Aber! – und deswegen war das vorhin vom erlösten oder zu erlösenden Klingsor Gesagte kein Jux. Es sollte darauf hindeuten, daß Wagner über seine Erfindung großartiger und wirksamer Opernszenen oft den eigentlichen dramatischen Zusammenhang vernachlässigt hat. Das ergibt die unzähligen Brüche in seinen Handlungen, angefangen beim »Fliegenden Holländer«, was alles hier schon ausgebreitet wurde.

Auch von Kundrys Erlösung ist die Rede. Liegt auch hier ein Bruch in der Handlung vor, der Wagner unterlaufen ist? Ihr seltsamer Fluch ist an die auflösende Bedingung geknüpft, daß ein »reiner« Mann ihrer erotischen Verführung widersteht, wobei aber Inhalt des Fluches gleichzeitig Kundrys unauslöschlicher Drang ist, jeden, ob

»rein« oder nicht, mit allen Bezirzungsmitteln zu verführen zu versuchen, also immer alles daranzusetzen, den Ast abzusägen, auf dem sie sitzt. Eine zweifellos psychologisch faszinierende, für die Betroffenen jedoch aufreibende Seelenkonstellation, die die Zerrissenheit dieser Wagnerschen Bühnenfigur erklären mag. Sie handelt nicht nur hier (bei den Gralsrittern) anders als dort (bei Klingsor), *sie ist* hier eine andere als dort. Eine dramatische Skizze der Schizophrenie; sie ist darauf zurückzuführen, daß Wagner, wie schon erwähnt, die Kundry aus zwei gegensätzlichen Figuren seiner Vorlage, aus der frommen Gralsbotin und der bösen Orgeluse, zu einer Figur komprimiert hat. Sicher wird also Kundry dadurch erlöst, daß Parsifal zwar in ihre Umarmung sinkt, aber grad noch im letzten Augenblick (ich will mögliche Regieeinfälle dezenterweise nicht ausbreiten) der Verführung entflieht – wieder eine der großartigen Wagner-Szenen. Seltsamerweise bleibt sie jedoch für den ganzen dritten Akt unerlöst die gleiche wie vorher, hat sich kaum geändert und sinkt »entseelt« erst nieder, als ganz zum Schluß der Vogel in As-Dur herniederschwebt. Daß sich der gleichzeitig gesungene Text: »Erlösung dem Erlöser« auf *sie* bezieht, die ja nun keinesfalls eine Erlöserin war, ist ausgeschlossen. (Womit sich die Theorie, die »Erlösung« beziehe sich auf den grausigen Schluß des Antisemitismus-Pamphlets Wagners und in Kundry sei das Judentum zu sehen, von selbst in Luft auflöst.) Eine musikalisch im übrigen höchst banale Stelle, und vielleicht hat sich – auch – auf sie Wagners Unbehagen bezogen, das bei der »Parsifal«-Komposition durchgehend bei ihm zu bemerken war. Von »Krampf« spricht er sogar (12. Januar 1878), oder er zweifelt »am Ganzen« und fragt sich, »ob es nicht Unsinn, gänzlich mißglückt« sei (8. August 1878).

Und er schriebe lieber, äußerte er, Symphonien, und das wolle er auch nach dem »Parsifal« tun. Leider ist er nicht mehr dazu gekommen. Wären sie so großartig geworden wie seine herzergreifenden Szenenhöhepunkte – und ohne den peinlichen Text?

Über Wagners ungutes Gefühl, ja förmliche Angst vor der Realisierung des Werkes auf der Bühne habe ich schon gesprochen, und in gewisser Weise bestätigen sich seine Befürchtungen in der Tat – bis heute? Die unsichtbare Bühne hätte zumindest eine Schlingensief-Inszenierung vermieden.

Wer bleibt, um erlöst zu werden? Die gängigste Erklärung, gestützt auf einige Äußerungen Kundrys im zweiten Akt, ist die, daß tatsächlich Jesus gemeint ist, der als Erlöser erlöst werden solle. Die entsprechenden Äußerungen Kundrys sind dunkel und mehrdeutig. Den sie verlachte und der sie verfluchte, könnte durchaus auch Amfortas sein, das heißt, daß sie über dessen Wunde gelacht hat. Der ganze fetischistisch-heidnisch-mechanistische Fluch-Zusammenhang würde dazu viel besser passen. Nur was soll ein erlöster Jesus, der sonst im ganzen Drama unerlöst gar nicht vorkommt? Und nun ist ja gerade Jesus am allerwenigsten erlösungsbedürftig. Auch aus der erwähnten Handlungsskizze von 1865 ist für derartige Erklärungen nichts zu entnehmen.

Ist Parsifal selbst der zu erlösende Erlöser? Er wird im zweiten Akt, in dem, wenn man so will, Liebesduett mit Kundry von ihr mehrfach als »Erlöser« apostrophiert, und in der Tat wird er (ausgerechnet von ihr, nicht etwa durch den frommen Gurnemanz oder den Anblick des wunderbaren Grals) von seiner Dummheit und Unwissenheit erlöst, und er seinerseits erlöst Amfortas von der

Wunde und die Gralsritter von ihrem Elend und ihrer Erstarrung und vielleicht sogar den Gral von der Trotzreaktion des Amfortas, doch das erscheint mir zu banal, auch zu simpel, um zu erklären, warum Wagner dieses Wort von der »Erlösung dem Erlöser« an so prominente Stelle wie den allerletzten Schluß seines allerletzten Werkes gesetzt hat.

Ich hole zu einer Theorie aus, die wahrscheinlich haarsträubend ist. War nicht Wagner selbst ein Erlöser? Zumindest hat er sich als solchen empfunden: als Erlöser der Musik aus der Erstarrung, die ja seiner Meinung nach (nicht ganz zu Unrecht) seit Beethoven immer mehr um sich gegriffen hat. Hat er nicht das »Neue Testament« der Zukunftsmusik hinterlassen und das »Sakrament« des Gesamtkunstwerkes eingesetzt? War er nicht, in seinen Augen und in denen seiner Anhänger, der Heilsbringer, der »Heiland«, der die Musik und vor allem die ganz große Kunst, das Musiktheater, aus der Sackgasse, den Niederungen »jüdischer« Meyerbeerität in die lichten Höhen neuer Erhabenheit geführt hat? »Erlösung dem Erlöser ... Wagner ...«? Wovon – ich nähere mich meiner Theorie, schon spielen die lauten Posaunen ganz leise –, von *wem* sollte der Erlöser Wagner erlöst werden?

Ein ganzes, großes, reich instrumentiertes Musikdrama hat Wagner da geschrieben, hat, wie ich dargelegt zu haben hoffe, die Linie seiner heidnischen Gesinnung durchaus fortgesetzt und auch weiterhin die Zentralperspektive dramatischer Realität außer acht gelassen, hat das Ganze nur, ich behaupte, mit einer halbherzigen Kunstpatina christlicher, in Wirklichkeit pseudochristlicher Motivationen überkrustet – Cosima zuliebe.

In der Handlungsskizze, die zur Zeit der heftigsten Entflammung für Cosima entstanden ist, war von »Erlösung dem Erlöser« nicht die Rede, was wohl zu bemerken ist. Sie taucht erst auf, als die Oper komponiert wurde, in der Zeit der heftigsten Entflammung für Judith Gautier. Brauche ich noch etwas zu sagen? Wovon – nein: von wem der Erlöser Wagner wünschte erlöst zu werden? Er verlangte von seinem Verlag, telegraphisch, eilig, daß das fertige »Parsifal«-Textbuch sofort – nicht Cosima, nein, *ihr*, Judith zugesandt werde. Er schickte ihr das Notenblatt der sogenannten Abendmahlsmusik mit dem Vermerk: »Nehmet hin meinen Leib...« Wäre der »Parsifal« christlich gedacht, wäre das unnennbar blasphemisch. »Nehmet hin meinen Leib...«: Ist es noch deutlicher zu sagen, daß sich Wagner als Heiland empfand? Als ein leidender, erlösungsbedürftiger Erlöser, als ein heidnischer? In einem seiner glühenden Briefe an Judith sagt er es sogar ausdrücklich: »Warten wir da nicht auf das protestantische Himmelreich: es wird schrecklich langweilig sein.« Und fügt stammelnd hinzu: »Liebe! Liebe!«

Von Cosima, der der »Parsifal« nun nicht mehr gehörte, wollte der Erlöser erlöst sein, und damit sie das Heidnische und vor allem das andere, daß der »Parsifal« nun Judith Gautier gehörte, nicht merkt, hat Wagner all das Christliche über Handlung und Musik gestülpt. Er war ja immer schon ein Meister darin, auf zwei Schultern Wasser zu tragen, wobei gerechterweise gesagt werden muß, daß oft beide Wasser ehrlich und rein waren. Vielleicht muß ein Künstler zwangsläufig schizophren sein – wie Kundry, die hier und dort dient und leidet.

Cosima hat es nicht bemerkt. Doch einen der Briefe Wagners an Judith, die der Bader Schnappauf aus der Ochsengasse von Wahnfried in das Quartier Judiths besorgte, hat sie – so scheint es – abgefangen, und damit war es aus. Der Erlöser blieb unerlöst.

Eine Kuriosität sei nicht unerwähnt. Wagner sagte bei einer Besprechung mit den Bühnen- und Kostümbildnern, Kundry müsse eigentlich nackt singen, »wie eine Tizianische Venus« (so laut Cosimas Tagebuch vom 4. Januar 1881). Ob das die Materna damals getan und ob die zickige Cosima das erlaubt hätte, dürfte füglich bezweifelt werden. Aber heute? Wenn Wagner selbst es so gewollt hat? Die Uraufführung des »Parsifal« am 26. Juli 1882, die gleichzeitig die Eröffnung der zweiten Festspiele war (bei denen nur dieses »Bühnenweihfestspiel« gegeben wurde, sechzehn Vorstellungen insgesamt), stand unter einem besseren Stern als die »Ring«-Uraufführung. Wagner war, mit einigem Recht, nicht ganz, aber einigermaßen zufrieden. Die Festspiele brachten diesmal sogar einen Überschuß (143 139 Mark). Daß König Ludwig II. nicht zu den Festspielen gekommen war, veranlaßte Wagner zu mehreren devot-schwülstigen Briefen, aus denen mit Händen zu greifen ist, daß Wagner das Fehlen des Königs gleichgültig, wenn nicht sogar erwünscht war. In der letzten Vorstellung schlich sich Wagner in den Orchestergraben, nahm nach dreiundzwanzig Takten Hermann Levi den Taktstock aus der Hand und dirigierte den Akt zu Ende. Das Publikum merkte es erst danach und brach in Beifall aus, den einige der »Unbeschuhten« Wagnerianer niederpfiffen: Weihevolle Stille solle herrschen. Wagner lehnte das dann ausdrücklich ab, denn die Sänger und Musiker sollten den verdienten Beifall erhalten. Es half nichts, die »Unbeschuhten« setzten sich später durch. Der Beifall nach dem »Parsifal« (wie üblicherweise auch nach Bachs »Matthäus-Passion«) blieb fast ein Jahrhundert lang verpönt. Die

Ansicht, daß das Schlimmste an Wagner die Wagnerianer sind, hat etwas für sich – sogar die Meinung Wagners, der diese als blöden Haufen bezeichnete.

*

Dazu eine merkwürdige Äußerung Nietzsches aus seinen oft wirren, aber auch oft erstaunlich hellen Fragmenten vom Frühjahr 1888, also kurz vor seinem Verdämmern, geschrieben unter dem Titel »Wagner als Problem«:

»*Diese sehr zweideutig gewordene Personnage* (gemeint ist also R.W.), *auf deren Grab nichtsdestoweniger ein Wagner-Verein – der Münchener – einen Kranz mit der Inschrift niederlegt:*

Erlösung dem Erlöser! ...
(ist dies historisch?)
Man sieht, das Problem (d.i. also Wagner) *ist groß, das Mißverständnis ungeheuer.*
Wenn Wagner zum Erlöser werden konnte,
Wer erlöst uns von dieser Erlösung?
Wer erlöst uns von diesem Erlöser?«

Und wenig später eine Bemerkung zu den Frauenfiguren aus überraschender Sicht:

»*Und was die hysterisch-heroischen Wesen angeht, die Wagner als Weib concipiert hat,* vergöttlicht *hat, den Typus Senta, Elsa, Isolde, Brünnhilde. Kundry: so sind sie im Theater interessant genug – aber wer* möchte *sie? ...*

Nachdem Cosima hinter die Judith-Gautier-Affäre gekommen war, wurde der Kontakt zu ihr von Cosima brieflich weitergeführt. Auch eine Form von Verlogenheit. Es sollte der Anschein erweckt werden, als sei nichts gewesen. Für Wagner war dies offenbar nicht weiter schlimm, denn es ging für ihn eine neue Sonne auf, die schon erwähnte junge amerikanische (oder englische?) Sopranistin Carrie Pringle. Sie sang schon 1881 vor, wurde von Cosima gelobt und von Wagner als eins der Blumenmädchen engagiert, welche Rolle sie auch 1882 in allen sechzehn Vorstellungen sang. Schon bei den Proben hatte sich Wagner ganz intensiv um die Blumenmädchen-Szene gekümmert, und zwar nicht nur aus musikalischen Gründen. Nicht nur einmal scherzte er in Probenpausen auffallend mit den Sängerinnen, wobei er Carrie bevorzugt zu haben schien. Weiteres ist nicht überliefert. Cosimas Notizen halten sich verräterischerweise im Kryptischen. Einmal stürzte Carrie bei einer Probe über ein tückisch gespanntes Seil einige Meter hinunter, blieb zum Glück fast unverletzt. Hatte Cosima das Seil spannen lassen? Schon daß dieses Gerücht auftauchen konnte, spricht dafür, daß nicht alles ganz harmlos gewesen sein mochte. Auffallend auch, daß sich Wagner von der dritten Vorstellung an nur noch die Blumenmädchen-Szene ansah und anhörte.

Wie ganz zu Anfang erwähnt, tauchte Carrie Pringle noch einmal in Wagners Leben auf, davon wird noch die Rede sein. Sie hat entweder schon vor oder jedenfalls nach dem Sommer 1882 in Mailand studiert. Was aus ihr danach geworden ist, weiß man nicht. Eine große Sängerkarriere war ihr nicht beschieden. Ihre Unsterblichkeit verdankt sie jener Fußnote in der Vita Richard Wagners, der sie kurz vor dem Ende seines Lebens, wenn man angesichts seiner geringen Körpergröße so sagen kann, zu sich heraufhob, was für die junge, namenlose Frau in der ganzen Riege der untergeordneten Komparsen, Statisten und Kleindarsteller unwiderstehlich gewesen sein muß.

X.
Tod in Venedig

Nach dem Ende der Festspiele verläßt Wagner am 14. September 1882 Bayreuth. Er wird als Toter zurückkehren. Wiewiet seine Todesahnungen, die er im übrigen sein Leben lang nicht ungern geäußert hat, echt, wiewiet sie Aberglauben, abweisende Vorsichtsmaßnahmen (wenn ich davon rede, trifft's bestimmt nicht ein), wiewiet sie stilisiert waren, ist schwer zu sagen. Jedenfalls häuften sie sich nach dem »Parsifal«, nicht unbegründet, weil sich Herzanfälle und andere Anfälle wiederholten, die zu Atemnot und dergleichen führten. Anderseits ventilierte er mit Franz Liszt Pläne für die Komposition von (offenbar einsätzig gedachten) Symphonien, deren Struktur er genau vor dem inneren Ohr hatte. Schade, daß sie nicht geschrieben wurden. Dann wiederum spielte er immer wieder die Gassenhauer am Klavier: »Harlekin muß sterben« oder »Stieflein muß sterben, ist noch so jung und schön« ...

Die Reise ging wieder nach Italien. (Wagner verbrachte mehr seiner Bayreuther Zeit außerhalb Bayreuths als dort. Warum er, klagte er einmal, sein Wahnfried ausgerechnet in einem Landstrich mit solchem – wörtlich: – »Scheißklima« erbaut habe?!) Zunächst Verona, dann Venedig, in doppelter Hinsicht die letzte Station. Man bezog zwölf Zimmer im Renaissance-Palazzo Vendramin-Calerghi, der damals einem Prinzen aus dem ehemaligen französischen

Königshaus gehörte. Franz Liszt besuchte die Wagners, der treue Joseph Rubinstein war bei der Familie, Paul von Joukowsky, der Maler, Bühnenbildner der »Parsifal«-Inszenierung – mancher Besucher erwünscht und manche unerwünscht. Hauspersonal wurde mitgebracht, ein Gondoliere in Dienst genommen. Es regnete ...

Wagner ist leidend, hat immer wieder Krämpfe, dennoch genießt er im großen und ganzen den Aufenthalt. Er liebt Venedig, findet es die italienischeste der Städte Italiens, besichtigt Kirchen, steht lange vor den Altarbildern, bewundert sie, die Bellinis, Cimas, Palmas, die Tizians und Tintorettos. Cosima zeichnet alles minutiös in ihren Tagebüchern auf: Von religiöser Andacht ist nichts zu spüren. Richard Wagner, der Heide – kein fröhlicher mehr, ein trauriger. Immer wieder bricht er jedoch in oft dumme Witze aus, singt quäkend und kreischend Stücke aus seinen Opern, parodiert Sopran und Baß, ist es eine Flucht aus den Todesgedanken? Es ist Carneval. Wagner und Familie wohnen am Faschingsdienstag, es ist der 6. Februar 1883, dem Maskentreiben bei. Um Mitternacht wird der »Principe Carnevale« am Markusplatz verbrannt.

Wagner arbeitet auch, keine Musik, er arbeitet an einem Aufsatz über ein Thema, das ihn in den letzten Jahren immer wieder bewegte. Es ist dies eine seltsame Form einer Rassenlehre. Wagner sieht einen stetigen Niedergang der Menschheit und führt diesen auf die »Zwangsehen« zurück. Die Natur wolle es, meinte er, daß nur innerlich Zusammengehörende, füreinander Bestimmte zusammenkämen, nur aus der ehelichen Verbindung gleichgesinnter, gleichgestimmter Partner könne edle Nachkommenschaft erwachsen. Die »Zwangsehe«, das zwangsweise Zusammenführen von Brautleuten, die eigentlich nicht zusammenpaßten, führe zu minderwertiger Nachkommenschaft, und da dies in der ganzen Geschichte passiert sei, sei die Menschheit sich fortpflanzend zunehmend abgesunken. Wagner glaubte also an eine Art innerer Rasse und erdachte für sich eine Art Sozialdarwinismus. – Er hatte in den Jahren zuvor Darwin gelesen, vor allem aber die abstrusen Auslassungen des französischen »Rasse«-Theoretikers Gobineau.

Ein Einschub: Ich neige nicht dazu, Wagners humandarwinistische Ansichten zu teilen. Merkwürdig ist aber schon, daß in der muslimischen Welt, wo, unabhängig davon, ob sie sunnitisch-arabisch, persisch, türkisch, asiatisch oder afrikanisch ist, die Zwangsehe seit Jahrhunderten und heute noch überwiegend üblich ist, daß diese Welt von einer ehemals hohen Kultur in Kulturarmut, mangelnde Kreativität und vor allem Inhumanität abgesunken ist. Doch wahrscheinlich hängt dieser Abstieg auch mit anderen Gegebenheiten zusammen, die einem klar werden, wenn man sich vergegenwärtigt, was im »Koran« steht, dem einzigen Buch, das dem Mohammedaner zu lesen empfohlen ist. – Um aber der Wahrheit die Ehre zu geben: Auch im christlich-abendländischen Kulturkreis wurden bis ins 20. Jahrhundert hinein vor allem in gesellschaftlich führenden Familien Ehen »gestiftet«, die Brautleute nicht oder nur am Rande gefragt, wenn es darum ging, Vermögen zusammenzuhalten oder zu vermehren. Das hatte auch Folgen.

Wenn Wagner daher die völlige Emanzipation der Frau forderte, hatte das nichts mit dem Ruf nach Chancengleichheit usw. zu tun, das zielte nur darauf ab, »dem Weibe« die freie Partnerwahl zu ermöglichen. Die »Liebe«, also die unabwendbare, alles überwindende Anziehungskraft des Gleichen zum Gleichen, sollte der einzige Antrieb zur Fortpflanzung sein. So hielt Wagner dann die Institution der Ehe überhaupt für überflüssig, ja schädlich. »Siegmund« und »Sieglinde« sollten durch nichts gehindert werden, sich zu vereinigen, den Helden zu zeugen ...

Wagner schrieb das in einem seiner krausen, vor lauter Verklausulierungen und gequetschten Schachtelsätzen kaum lesbaren und schon gar nicht genießbaren Aufsätze nieder, seinem letzten. Er heißt: »Das Weibliche im Menschlichen«. An dem Aufsatz schrieb Wagner, als er von seinem letzten Krampfanfall dabei unterbrochen wurde. »... Liebe – Tragik« waren die letzten Wörter, die er niederschrieb. Der Aufsatz ist ein kläglicher Abgesang. Es wäre Wagner ein würdigerer zu wünschen gewesen.

*

Das »Weibliche« hatte im »Menschlichen« Wagners immer eine große Rolle gespielt, selbst in seinen letzten Tagen, freilich anders, als es in seinem Aufsatz gemeint war.

Es drehte sich um Carrie Pringle, die junge Sopranistin, das Blumenmädchen aus dem »Parsifal«. Cosimas Tagebuch, das am Abend des 12. Februar abbricht, schweigt sich aus. Angeblich hatte sich Carrie von Mailand aus zu weiterem Vorsingen angemeldet. Ob das allein genügt hatte, daß Cosima ihm – dies ist verbürgt – am Vormittag des 13. Februar, einem Dienstag, eine Szene machte, die zu einer ernsthaften Verstimmung führte? Oder *war* Carrie schon in Venedig? Wagner unternahm am Nachmittag des 12. Februar eine Gondelfahrt, Cosima, die den Fürsten Hatzfeld zu Besuch erwartete, blieb zu Hause. Freilich begleitete ihn die Tochter Eva, sechzehn Jahre alt. Cosima vermerkt, er habe »Eva Schokolade gegeben«. Hat er sie kurz weggeschickt? Heimlich Carrie getroffen, im »Caffè Lavena« vielleicht? Oder umgekehrt, Eva im »Lavena« gelassen und schnell hinüber ins »Florian«, wo Carrie gewartet hat, um ein günstiges Treffen zu vereinbaren? War der Leib-Gondoliere Luigi eingeweiht, wie ja Wagner gern solche Boten für geheime Zwecke benutzte? Hat Eva doch etwas mitbekommen von dem allen und hat gepetzt? Wie immer hätte Cosima das, was sie von derlei Dingen erfahren hat, unter den Teppich gekehrt, im Tagebuch nichts davon verlauten lassen. Die Wohlanständigkeit durfte nicht angetastet werden. Statt dessen äußerte sie nach Wagners Tod Joukowsky gegenüber, daß ihr sehnlichster Wunsch, mit Richard gemeinsam zu sterben, nicht in Erfüllung gegangen sei, sie sei aber innerlich tot. (»Moriamo insieme ...« oder eben »Selig grüßt dich dein Weib!«) Sie lebte noch siebenundvierzig Jahre, was ihr natürlich nicht vorzuwerfen ist.

Es ist mir klar, daß das alles auf Geraune beruht, doch daran ist das Raunen schuld, das über dem ganzen Leben Wagners hängt, das er in seinen Texten strapaziert, mit dem er Unangenehmes von sich fernhielt. Tatsache ist die von Daniela, Bülows, nicht Wagners Tochter, mitgeteilte (verratene?) heftige Auseinandersetzung zwischen Richard und Cosima am Vormittag des 13. Februar. Den Gegenstand, um den die Eheleute stritten, mitzuteilen, hat Daniela doch nicht gewagt. Wagner nahm nicht am Familien-Mittagessen teil. War ihm der Appetit vergangen? Er sagte nicht einmal selbst, daß er in seinem Zimmer bleiben wolle, schickte nur das Dienstmädchen, das zu sagen. Dieses Dienstmädchen war es auch, das den Sterbenden fand. Dann freilich liefen Cosima, Joukowsky und die Kinder herbei. »Er ist«, schreibt Joukowsky an die Alt- und Erzwagnerianerin Malwida von Meysenbug, »in den Armen seiner Frau gestorben.« Auch zuletzt noch eine Inszenierung, ungenau, wie vieles bei Wagner. Seine *Knie* hatte sie umfaßt, als er starb.

Das einzig wirklich Faßbare ist der so nüchterne wie sympathische Bericht von Wagners Arzt, einem Deutschen, der in Venedig praktizierte, Dr. Friedrich Keppler. Die Todesursache, wie schon die Ursache der dauernden Anfälle und Brustkrämpfe der vergangenen Jahre, war eine »weit vorgeschrittene Herzerweiterung« und »fettige Degeneration des Herzfleisches« sowie eine »ziemlich ausgedehnte Magenerweiterung« und anderes. Das alles hätte, nach Meinung Dr. Kepplers, zum damaligen Zeitpunkt nicht tödlich sein müssen. »Der Anfall selbst, der dem Leben des Meisters ein so jähes Ende setzte, *muß* eine ähnliche Veranlassung gehabt haben«, wobei er sich auf »psychische Aufregungen« bezieht, die er in dem Bericht erwähnt. Das »*muß*« hat Dr. Keppler als einziges Wort in dem ganzen Text unterstrichen. Also doch Carrie?

XI.
REISEN, FRAUEN, HUNDE, SCHULDEN ...

Richard Wagner ist tot. Sein Werk (auch sein Werk »Bayreuth«) lebt. War schon zu seinen Lebzeiten über ihn viel geschrieben worden, so setzte jetzt die Wagnerei so richtig ein und überzog die Welt mit einem Diluvium an Wagner-Sekundärliteratur. Wer das so schweißtreibend zu lesende wie vermutlich schweißtreibend geschriebene sechsbändige Werk Carl Friedrich Glasenapps »Das Leben Richard Wagners« von 1894, eine astreine, schamlose Beweihräucherung, ohne inneren Schaden gelesen hat und dies notariell nachweisen kann, bekommt zwei Freikarten für die Festspiele. (Ist nicht wahr; wahr aber ist, daß das Wort »Freikarten« im Bayreuther Wortschatz fehlt.)

Von H. St. Chamberlains unsäglichem Machwerk »Richard Wagner« (1896) bis zum Wagner-Vernichtungsversuch Hartmut Zelinskys »Richard Wagner – Ein deutsches Thema« (1976), mit dem die Wagner-Sekundärliteratur selbstverständlich nicht aufgehört hat, ist die ganze Bandbreite von Weihrauch bis Schmähung zu finden, auch Arbeiten wie »Richard Wagners Beziehung zur Militärmusik« von E. Brixel oder »Richard Wagner und die französischen Frühsozialisten« von M. Kreckel; das Buch »Richard Wagner und seine Bedeutung für das Rhönrad« von F. N. Hasenöhrl habe ich allerdings eben erst erfunden, bin jedoch nicht sicher, daß es das nicht womöglich doch gibt. Das Musiklexikon »Musik in Geschichte und Gegenwart«, Band 17 Vin–Z (2007), enthält achtzehn kleingedruckte Spalten Sekundärliteratur zu Richard Wagner, und das ist nur eine Auswahl nach strengen Kriterien; weshalb mein Lieblingsbuch zu Richard Wagner auch nicht enthalten ist und nie in ein solches Verzeichnis aufgenommen wird. Um so lieber erlaube ich mir, es hier groß herauszustellen:

»Richard Wagners Fahrt ins Glück.
Sein Leben in Bildern und Versen.«
von F. W. Bernstein (2002),

das meiner Tochter Cosima Rosendorfer gewidmet ist und woraus ich das folgende, das Phänomen Wagner genial erfassende Gedicht zitiere:

»Reisen, Frauen, Hunde, Schulden:
Taler, Pfunde, Franken, Gulden.

Schulden, Hunde, Reisen, Frauen:
Eine nur konnt' auf ihn bauen.

Schulden, Frauen, Hunde, Reisen:
erst in Kutschen, dann auf Gleisen.

Reisen, Schulden, Frauen, Hunde:
Stets ist er mit Hund im Bunde.
Mit der Ehefrau selbdritt:
Wagnermeister Hundemith.«

*

Richard Wagner ist einer der Großen im Himmelreich der Kunst, daran ist kein Zweifel, und das zu erkennen ist kein Verdienst. Es mag aus dem auf den vorangegangenen Seiten Niedergeschriebenen herauszulesen sein, daß ich, vorsichtig ausgedrückt, Vorbehalte gegen Wagner habe, gegen seine Person, gegen seine Ansichten, gegen seine Texte, sogar gegen seine Musik. Das ist richtig, aber falsch. Ich halte, wiederhole ich, Richard Wagner für einen der Großen in der Musik – doch ich halte ihn nicht für *den Größten*. (Das ist in den Augen der Unbeschuhten Wagnerianer selbstverständlich eine Sünde.) Ich halte ihn sogar für einen der ganz Großen. Wenn ich vierundzwanzig Erzengel der Musik aufzählen sollte, ohne deren Werke ich nicht leben wollte, wäre Wagner darunter. Vielleicht wäre er sogar unter den ersten zwölf. Unter den ersten drei nicht. (Wer die drei sind, hängt davon ab, was ich gerad höre. Dies nebenbei.) Ohne Zweifel ist Wagner jedoch auch eine der faszinierendsten Erscheinungen seines Jahrhunderts, freilich gerade wegen seiner Widersprüche in sich, und ich muß gestehen, daß mich diese Faszination nicht losläßt, wie auch aus der Tatsache zu ersehen ist, daß ich dieses Buch schrieb.

Neben der Musik, die Wagner geschrieben hat, gibt es eine Fülle, eine, wenn man genau hinschaut und nachrechnet, überbordende Fülle von Texten auch und vor allem beiseite seiner Operntexte, eine Fülle von Briefen, in denen er auch nicht müde wurde, seine Gedanken und Theorien zu verkünden. Er hat – nicht zuletzt – durch die Gründung der Festspiele, der »Bayreuther Blätter«, der Wagner-Vereine (deren Gründung er nicht veranlaßt, die er aber gern akzeptiert hat), eine *Glaubens-Gemeinde* um sich versammelt (die ihm gelegentlich lästig wurde), die sein Werk *verteidigt* hat. Er hat verteidigt. Man hat den Eindruck, Wagner hatte das Gefühl, der Welt sein Werk aufdrängen zu müssen, und dabei hat er seiner Musik *allein* offenbar nicht getraut, hat gemeint, es mit einem philosophisch-weltanschaulichen, ins Pseudo-Religiöse schillernden Überbau gewichtig genug zum Überleben machen zu müssen. Dabei hat er sich geirrt. Seine Musik allein hätte genügt, und er hätte (wie etwa Verdi oder Rossini) nicht solche Tonnen an Sekundärliteratur benötigt, um im Paradies des kulturellen Menschheitsgedächtnisses seinen Platz zu finden.

Womit ich nun doch um Entschuldigung bitte, daß ich mit diesem Buch den Holzstoß der Wagnerliteratur um ein Scheit bereichert habe.

Anhang

Josef Blöchl, pensionierter Buch- und Verlagsmann, hat mir die Freude gemacht, alles zusammenzutragen und aufzulisten, was ich zu Richard Wagner geschrieben habe, und das soll hier im Anhang abgedruckt werden.

Mein erstes Buch, in: ... ich geh' zu Fuß nach Bozen. nymphenburger, München 1988

Bayreuth für Anfänger, 1. Vorwort: Vibber Tøgesen – Pseudonym für HR. 2. Das historische Bayreuth. 3. Glees – Bayreuth heute. 4. Ein Wagner in Bayreuth. 5. Wagnerianer und Wagnerismus 6. Mehrere Wagner in Bayreuth. 7. Die Festspiele. 8. Meister(s) Werke. 9. Bibliographie. 10. ... den besinnlichen Schluß. nymphenburger, München 1984

Der Traum des Intendanten oder *Richard Wagners 100. Geburtstag. Titelgeschichte eines Sammelbandes. Gedanken zur Musik.* nymphenburger, München 1984

Die Bayern und ihr Verhältnis zu Preußen – Unter besonderer Berücksichtigung der Sachsen, insofern sie als besonders preußisch gelten – Richard Wagner war Sachse, in: Königlich bayerisches Sportbrevier. nymphenburger, München 1984

Die Wittelsbacher, Richard Wagner und das Kegeln, in: Königlich bayerisches Sportbrevier. nymphenburger, München 1984

Hat Hanslick doch recht gehabt? in: Der Traum des Intendanten. nymphenburger, München 1984

Richard Wagners RING und München, in: Programmbücher der Bayerischen Staatsoper: Walküre (1987)

Wem gehört das Rheingold? Zivilrechtliche Probleme in Wagners Nibelungenring, in: Don Ottavio erinnert sich. Bärenreiter, Kassel 1989

Wagners Verhältnis zu Ludwig II. und München, in: Don Ottavio erinnert sich. Bärenreiter, Kassel 1989

Richard und Cosima – Entsagung (1960). Ein Gedicht, in: Die Erfindung des Sommerwinters. dtv, München 1984 (Originalausgabe)

Kao Tais Reise nach dem Orte Grüner Hügel, in: Die große Um-

wandlung – Neue Briefe in die chinesische Vergangenheit. Kiepenheuer & Witsch, Köln 1997
Eloge an den Nymphenburger Park und Richard Wagner (1980), in: Aus den Schönschreibübungen des Gilbert Hasdrubal Koch. Kiepenheuer & Witsch, Köln 1998
Café Walhall (2000). Bilderzyklus XXVIII – 6 Arbeiten, in: Die Schönen des Waldes – Bildsatiren mit Texten von Emanuel Schmidt. nymphenburger, München 2001
Der Gral und seine Burg. Über die Wartburg. *Tristan und Isolde*, in: Wort, Bild und Musik. Drei Beiträge in ARX (2003/2004)
Mendelssohn und Meyerbeer – Was ihnen Richard Wagner lebenslang nachtrug, in: Die Donnerstage des Oberstaatsanwalts. nymphenburger, München 2004
Richard Wagner, der fröhliche Heide – oder – Das Ende der Zentralperspektive, in: Silvia Kronberger/Ulrich Müller (Hrsg.): Kundry und Elektra – Frauenfiguren im Musiktheater. Müller-Speiser, Anif/Salzburg 2004
Zu Wagner als Mensch und Schöpfer – Ethik der erfundenen Wahrheit. Aus einem Gespräch mit Andreas Geyer, in: Erlogene Wahrheiten – Herbert zum 70. Geburtstag. Athesia, Bozen 2004
Vorwort und Illustrationen zu Rupert Pfeiffer. *Begegnungen mit Richard Wagner*. Triptichon, München 2004

Wagner-Theater
Lola – Eine königliche Moritat (1985)
Don Tristano e Donna Isotta overo *Qualche volta due ore sono piu di quattro*. Burlesca teatrale leitmotivica in tre atti, in: Wagner Parodien. Ausgewählt und mit einem Nachwort versehen von Dieter Borchmeyer und Stephan Kohler. insel taschenbuch 687, Frankfurt 1983
Der ewige Wagner. Leitmotiveske in drei Akten und *Der gestrandete Holländer* oder *An dem Fjord da gibts koa Sünd*. Zwei Wagner Parodien. Kleebaum, Bamberg 2001
Brangäne oder *Die Hochzeitsnacht in Stellvertretung*. Hörspiel in 13 Szenen und einem Epilog. CD bei Ahn & Simrock, Hamburg 2006

Dank

Ich danke Josef Koller für die Genehmigung, seine S. 140 genannte Arbeit zu verwerten.
Ich danke Fitzgerald Kusz für die Übersetzung der direkten Rede S. 235/36 ins Bayreuther Fränkische.
Und ich danke Artur von Schuschnigg für seine äußerst wertvolle Hilfe bei der Arbeit an diesem Buch.